예능보다 재

보이는 중국어

 상하이 조사유를 검색하세요

한국과 중국의
문화 차이가
궁금하다고요?

다양한
중국 음식 먹방도
보고 싶은가요?

중국에 대해
정말로
알고 싶나요?

YBM
보이는
중국어
회화

조사유 · YBM중국어연구소 저

YBM

YBM
보이는
중국어 회화

저 자	조사유 · YBM중국어연구소
감 수	金艺铃

발 행 인	이동현
발 행 처	YBM

기획 편집	한채윤, 유세진
마 케 팅	고영노, 박천산, 박찬경, 김동진, 김윤하

초판인쇄	2019년 11월 01일
초판발행	2019년 11월 08일

신고일자	1964년 3월 28일
신고번호	제 300-1964-3호
주 소	서울특별시 종로구 종로 104
전 화	(02)2000-0515 (구입 문의) / (02)2000-0327 (내용 문의)
팩 스	(02)2271-0172
홈페이지	www.ybmbooks.com

ISBN	978-89-17-23155-7

정선희
(방송인)

"그녀의 성격과 닮다"

사유와 함께하는 중국어는 그녀의 성격과 닮아 있습니다. 뻔하지 않고, 핵심만 빡! 현지에서 유용하게 쓰이는 실용적인 표현! 중언부언 말하지 않는 깔끔한 관용어구까지 적어도 지루하진 않으실 거예요. ㅎㅎ 수년 동안 다양한 나라에서 쌓은 언어적 경험이 고스란히 쌓여있어 보다 풍부하고 시대에 걸맞은 따끈따끈한 표현들을 배우게 되실 겁니다. ^_^

문천식
(개그맨)

"대화하듯 배우는 실용 중국어 책"

사유와 팟캐스트를 진행하면서 3주 차가 될 때까지 한국인인 줄 알았습니다. 그만큼 능청맞은 대화를 할 정도로 조사유는 언어 자체에 대한 이해도가 높은 사람이라고 생각해요. 이 책을 통해서 사유가 언어를 공부하는 방법을 여러분께서도 배울 수 있으면 좋겠고요. 조사유와 대화하는듯한 기분으로 실용 중국어를 즐기시길 바랍니다~

"중국어의 매력에 흠뻑 빠져보세요"

중국어를 배우기 전이라 굉장히 두렵고 무섭겠지만, 이 책을 통해 쉽고 재미있게 중국어를 배울 수 있었으면 좋겠어요. 병음이 항상 중국어 밑에 같이 있기 때문에 중국어를 처음 접하는 학생 입장에서도 굉장히 편리하고 또 중국 현지 사람들이 사용하는 실생활에 쓰이는 표현들이 많이 있어 굉장히 유용할 것 같습니다. 사유와 함께 중국어를 공부하고, 이 책을 통해 중국어의 매력에 흠뻑 빠져보세요. ^^

김동석
(배우)

이경선
(tbs 중국어방송 작가)

"다양한 경험이 녹아있습니다"

중국어 공부에 있어 많은 사람들은 막연히 어려움을 겪고 있습니다. 항상 친절하고 따뜻한 사유와 같이, 이 책은 단순히 언어뿐만이 아닌, 여러 상황에 맞는 다양한 표현들과 중국 문화에 대한 경험들이 녹아들어 있습니다. 교과서적인 단어들과 문법의 나열이 아닌, 일상적인 대화에서 빛이 나는 소재들로, 중국어 초보자들에게 유용할 것 같네요. 이 책을 통해 중국 문화의 지평을 넓히고, 중국어란 열매가 주렁주렁 맺히기를 희망합니다.

임라라
(개그우먼. 유튜버 엔조이커플)

"중국어 핵인싸가 되어보세요"

조사유 씨께 통역을 부탁드리면서 인연을 맺게 되었습니다. 그때 미세한 뉘앙스까지 잡아내 알려주셔서 미팅 내내 언어의 장벽이 느껴지지 않았습니다. 제가 중국어를 공부한 지 1년 정도 되었는데 대부분의 책이 실제 젊은 중국인들이 쓰는 말을 다루지 않아 아쉽더라고요. 그런데 드디어 기다리던 책이 나와 정말 기쁘네요. 이 책으로 공부한다면 중국에서도 핵인싸가 될 수 있을 것 같은 기분에 열의가 솟습니다!

많은 스타 여러분이 이 책을 추천해 주셨다구요~

이 책의 특징 & 구성

⊘ 기초 핵심 패턴 20

챕터1에서 먼저 기본패턴으로 그 동안 배운 중국어 실력을 복습해보자. (세 가지 버전의 MP3를 듣고 따라 연습할 수 있습니다.)

→ **MP3 버전1**: 우리말 문장 듣기 → 중국어 2번 따라 말하기

→ **MP3 버전2**: 우리말 문장 듣기 → 스스로 중국어 말해보기 → 중국어 듣고 확인하기

→ **MP3 버전3**: 중국어 문장만 빠르게 듣기

⊘ 패턴으로 바로 써먹는 회화

워밍업으로 중요패턴의 쓰임새, 늬앙스 등을 알아보고 자주 쓰이는 상황에 중요패턴을 응용하여 실생활에서 쓰이는 살아있는 표현을 다양하게 학습하자.

⊘ 챕터별 현지에서 살아남기

알아두면 현지에서 유용하게 바로 바로 써먹을 수 있는 실용표현을 추가로 배워보자.

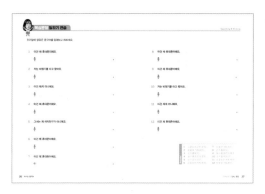

⊘ 핵심문장 말하기 연습

한 챕터에서 배운 모든 내용을 다 숙지했는지 확인하면서 중국어로 써보고 말해보자.

⊘ 책 속의 조사유 TV

중국의 문화, 최신 트렌드 등을 알면 중국어 공부가 더 재미있어지고 학습에 도움이 됩니다. 그 동안 알지 못했던 새로운 중국에 대해 알아보자.

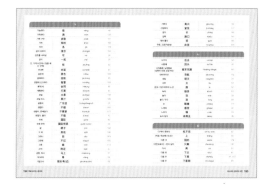

⊘ 초스피드 중국어 사전

갑자기 생각이 안 나거나 모르는 단어가 있다면 언제 어디서든 찾아서 내 걸로 만들어 보자.

※ **MP3 무료 다운로드**
원어민 음성으로 녹음한 MP3파일
www.ybmbooks.com 에서 다운로드

동영상 200% 활용하기

1단계

중국 현지 영상을 보며
핵심 표현이 들리는지
확인

2단계

친절한 핵심 설명부터
다양한 응용 연습까지

3단계

연습만이 살길!
내 것으로 만들기 ❶

→ AB대화를 한 문장씩 따라
  해보기
  원어민 느낌을 살려서
  AB대화를 따라 해보세요.

4단계

연습만이 살길!
내 것으로 만들기 ❷

➡ AB대화로 역할극 해보기
역할극을 하면서 문장을
다시 한 번 말해 보세요!

5단계

알아두면 유용하게
쓸 수 있는 보너스 꿀팁

※ 강의 보는 방법

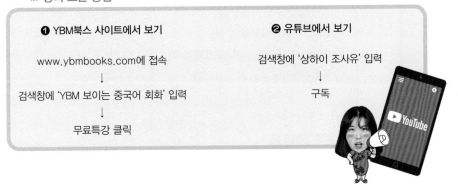

❶ YBM북스 사이트에서 보기

www.ybmbooks.com에 접속
↓
검색창에 'YBM 보이는 중국어 회화' 입력
↓
무료특강 클릭

❷ 유튜브에서 보기

검색창에 '상하이 조사유' 입력
↓
구독

是 ~ 이다

한국어를 보고 중국어로 말해보세요.   □ □ □

1   저는 대학생이에요.

我是大学生。
Wǒ shì dàxuéshēng.

2   이건 제 휴대폰 번호에요.

这是我的手机号。
Zhè shì wǒ de shǒujī hào.

3   이건 제게 아니에요.

这不是我的。
Zhè búshì wǒ de.

4   그녀는 제 여자친구가 아니에요.

她不是我的女朋友。
Tā búshì wǒ de nǚpéngyou.

5   이거 네 거 아니야?

这不是你的吗?
Zhè búshì nǐ de ma?

6   중국 사람이세요?

你是不是中国人?
Nǐ shì bu shì Zhōngguórén?

不 / 没(有) / 别 부정

한국어를 보고 중국어로 말해보세요.　　　　　　　　　　□□□

1　너무 비싸서 안 살래요.

太贵了，不买了。
Tài guì le, bù mǎi le.

2　그는 내일 안 온다고 하네요.

他说他明天不来。
Tā shuō tā míngtiān bù lái.

3　저는 술을 안 마셨어요.

我没(有)喝酒。
Wǒ méi(yǒu) hē jiǔ.

4　어제 왜 출근 안 했어요?

你昨天怎么没(有)上班?
Nǐ zuótiān zěnme méi shàngbān?

5　농담하지 말아요.

你别开玩笑。
Nǐ bié kāi wánxiào.

6　걱정 마세요, 아무 일 없어요.

别担心，没什么事儿。
Bié dānxīn, méi shénme shìr.

好 좋다

한국어를 보고 중국어로 말해보세요.

---

1 저는 기분이 아주 좋아요.

我心情很好。
Wǒ xīnqíng hěn hǎo.

---

2 오늘은 날씨가 아주 좋아요.

今天天气很好。
Jīntiān tiānqì hěn hǎo.

---

3 나는 위가 그다지 좋지 않아요.

我的胃不太好。
Wǒ de wèi bú tài hǎo.

---

4 그는 성격이 좋지 않아요.

他性格不好。
Tā xìnggé bù hǎo.

---

5 요즘 건강은 어때요?

最近身体好吗？
Zuìjìn shēntǐ hǎo ma?

---

6 내일 같이 갈래요?

明天一起去好不好？
Míngtiān yìqǐ qù hǎo bu hǎo?

喜欢/爱 ~ 하기를 좋아하다

한국어를 보고 중국어로 말해보세요. □ □ □

1	저는 여행을 좋아해요.	**我喜欢**旅游。 Wǒ xǐhuan lǚyóu.
2	저는 중국요리 먹는 걸 좋아해요.	**我爱**吃中国菜。 Wǒ ài chī Zhōngguócài.
3	그는 술 마시는 걸 안 좋아해요.	他**不喜欢**喝酒。 Tā bù xǐhuan hē jiǔ.
4	그는 게임 하는 걸 안 좋아해요.	他**不爱**玩游戏。 Tā bú ài wán yóuxì.
5	축구 경기 보는 거 좋아해요?	你**喜欢**看足球赛**吗**? Nǐ xǐhuan kàn zúqiúsài ma?
6	운동하는 거 좋아해요?	你**爱**运动**吗**? Nǐ ài yùndòng ma?

觉得 ~ (이)라고 생각하다

한국어를 보고 중국어로 말해보세요.

☐ ☐ ☐

---

1 나는 괜찮은 것 같아.

我觉得不错。
Wǒ juéde búcuò.

---

2 나 살찐 것 같아.

我觉得我胖了。
Wǒ juéde wǒ pàng le.

---

3 안 이상해요.

不觉得奇怪啊。
Bù juéde qíguài a.

---

4 나는 그가 멋있다고 생각하지 않아요.

我不觉得他帅。
Wǒ bù juéde tā shuài.

---

5 배고프지 않아요?

不觉得饿吗?
Bù juéde è ma?

---

6 너는 어떤 거 같아?

你觉得怎么样?
Nǐ juéde zěnmeyàng?

有 있다

한국어를 보고 중국어로 말해보세요.　　　　　　　　□□□

1	저는 남자친구가 있어요.	**我有男朋友。** Wǒ yǒu nánpéngyou.
2	저는 아이가 두 명 있어요.	**我有两个孩子。** Wǒ yǒu liǎng ge háizi.
3	이 근처에는 지하철역이 없어요.	**这附近没有地铁站。** Zhè fùjìn méiyǒu dìtiězhàn.
4	저는 현금이 없어요.	**我没有现金。** Wǒ méiyǒu xiànjīn.
5	잔돈 있어요?	**你有没有零钱?** Nǐ yǒu mei yǒu língqián?
6	오늘 시간 있어요?	**今天你有时间吗?** Jīntiān nǐ yǒu shíjiān ma?

MP3-07

在 ~에 있다

한국어를 보고 중국어로 말해보세요. ☐ ☐ ☐

1 토요일에 저는 집에 있어요.

星期六我在家。
Xīngqīliù wǒ zài jiā.

2 그녀는 나와 같이 있어요.

她和我在一起。
Tā hé wǒ zài yìqǐ.

3 그는 학교에 없어요.

他不在学校。
Tā búzài xuéxiào.

4 그는 퇴근해서 없어요.

他不在，下班了。
Tā búzài, xiàbān le.

5 여보세요, 이 선생님 계신가요?

喂，李先生在吗？
Wéi, Lǐ xiānsheng zài ma?

6 어디에서 샀어요?

在哪儿买的？
Zài nǎr mǎi de?

MP3-08

再/又 또, 다시

한국어를 보고 중국어로 말해보세요.

☐ ☐ ☐

1 또 오세요!

欢迎再次光临！
Huānyíng zài cì guānglín!

2 저 또 감기 걸렸어요.

我又感冒了。
Wǒ yòu gǎnmào le.

3 다시는 화 안 낼게요.

不再生气了。
Bú zài shēngqì le.

4 어제 또 잠을 못 잤어요.

昨天又没睡好。
Zuótiān yòu méi shuì hǎo.

5 다시 한 번 말씀해 주시겠어요?

再说一遍，好吗？
Zài shuō yí biàn, hǎo ma?

6 왜 또 기분이 안 좋아요?

怎么又不高兴了？
Zěnme yòu bù gāoxìng le?

做 ~ 하다

한국어를 보고 중국어로 말해보세요.

☐☐☐

---

1 저는 숙제를 하고 있어요.

我在做作业。
Wǒ zài zuò zuòyè.

---

2 이건 제가 직접 만든 거예요.

这是我自己做的。
Zhè shì wǒ zìjǐ zuò de.

---

3 밥이 아직 안 됐어요.

饭还没做好。
Fàn hái méi zuò hǎo.

---

4 저 아무것도 안 했어요.

我什么都没做。
Wǒ shénme dōu méi zuò.

---

5 뭐하고 있어요?

你在做什么？
Nǐ zài zuò shénme?

---

6 무슨 일 하세요?

你做什么工作？
Nǐ zuò shénme gōngzuò?

MP3-10

知道 알다

한국어를 보고 중국어로 말해보세요.

□ □ □

1 당신 뜻 알겠어요.

我知道你的意思了。
Wǒ zhīdao nǐ de yìsi le.

2 제가 잘못한 거 알고 있어요.

我知道自己错了。
Wǒ zhīdao zìjǐ cuò le.

3 뭘 말해야 될지 모르겠어요.

不知道说些什么。
Bù zhīdào shuō xiē shénme.

4 저는 아무것도 몰라요.

我什么也不知道。
Wǒ shénme yě bù zhīdào.

5 이 소식을 아세요?

你知道这个消息吗?
Nǐ zhīdao zhège xiāoxi ma?

6 그가 누군지 모르세요?

你不知道他是谁吗?
Nǐ bù zhīdào tā shì shéi ma?

핵심 패턴 11

要 ~ 하려고 하다, 원하다

한국어를 보고 중국어로 말해보세요. □ □ □

1 저는 운동하러 갈 거예요.

我要去运动。
Wǒ yào qù yùndòng.

2 햄버거 하나 주세요.

我要一个汉堡。
Wǒ yào yí ge hànbǎo.

3 그만 먹어요.

不要再吃了。
Búyào zài chī le.

4 영수증은 됐어요.

我不要发票。
Wǒ búyào fāpiào.

5 같이 영화 보러 갈래요?

你要不要一起去看电影?
Nǐ yào bu yào yìqǐ qù kàn diànyǐng?

6 이름도 써야 하나요?

名字也要写吗?
Míngzi yě yào xiě ma?

能 ~ 할 수 있다

한국어를 보고 중국어로 말해보세요. □ □ □

---

1 저는 중국어를 알아볼 수 있어요.

我能看懂中文。
Wǒ néng kàndǒng Zhōngwén.

---

2 여기 인터넷 할 수 있어요.

这里能上网。
Zhèli néng shàngwǎng.

---

3 말해줄 수가 없어요.

我不能告诉你。
Wǒ bùnéng gàosu nǐ.

---

4 그는 지금 걸을 수가 없어요.

他现在不能走路。
Tā xiànzài bùnéng zǒu lù.

---

5 할 수 있겠어요?

你能做到吗？
Nǐ néng zuò dào ma?

---

6 빨리 좀 갈 수 있을까요?

能不能开快点？
Néng bu néng kāi kuàidiǎn?

想 ~ 하고 싶다, 생각하다

한국어를 보고 중국어로 말해보세요.

☐ ☐ ☐

1 저는 중국으로 여행을 가고 싶어요.

我想去中国旅游。
Wǒ xiǎng qù Zhōngguó lǚyóu.

2 좀 더 생각해 볼게요.

我再想想吧。
Wǒ zài xiǎngxiang ba.

3 포기하고 싶지 않아요.

我不想放弃。
Wǒ bùxiǎng fàngqì.

4 정말 생각지도 못했어요.

我真没想到。
Wǒ zhēn méi xiǎngdào.

5 무슨 생각 해요?

你在想什么？
Nǐ zài xiǎng shénme?

6 집에 안 가고 싶어요?

你不想回家吗？
Nǐ bùxiǎng huíjiā ma?

会 ~ 할 줄 알다, ~ 할 것이다

한국어를 보고 중국어로 말해보세요.

1. 저는 자전거를 탈 줄 알아요.

我会骑自行车。
Wǒ huì qí zìxíngchē.

2. 그녀는 요리를 아주 잘해요.

她很会做菜。
Tā hěn huì zuò cài.

3. 저는 수영을 할 줄 몰라요.

我不会游泳。
Wǒ búhuì yóuyǒng.

4. 그는 영어를 할 줄 몰라요.

他不会说英语。
Tā búhuì shuō Yīngyǔ.

5. 운전할 줄 알아요?

你会开车吗?
Nǐ huì kāichē ma?

6. 피아노 칠 줄 알아요?

你会弹钢琴吗?
Nǐ huì tán gāngqín ma?

一点儿/有点儿 조금 ~ 하다

한국어를 보고 중국어로 말해보세요.

☐ ☐ ☐

1 조금 깎아주세요.

便宜一点儿吧。
Piányi yìdiǎnr ba.

---

2 그는 조금도 안 변했어요.

他一点儿也没变。
Tā yìdiǎnr yě méi biàn.

---

3 동작을 조금 서둘러주세요.

动作快一点儿。
Dòngzuò kuài yìdiǎnr.

---

4 오늘은 조금 추워요.

今天有点儿冷。
Jīntiān yǒudiǎnr lěng.

---

5 저는 목이 조금 말라요.

我有点儿口渴。
Wǒ yǒudiǎnr kǒu kě.

---

6 지금은 조금 바빠요.

现在有点儿忙。
Xiànzài yǒudiǎnr máng.

多少/几 얼마, 몇

한국어를 보고 중국어로 말해보세요. □ □ □

1 이거 얼마예요?

这个**多少**钱?
Zhège duōshao qián?

2 얼마나 살 거예요?

你要买**多少**?
Nǐ yào mǎi duōshao?

3 모두 얼마예요?

一共**多少**钱?
Yígòng duōshao qián?

4 식구가 몇 명이에요?

你家有**几**口人?
Nǐ jiā yǒu jǐ kǒu rén?

5 몇 개 먹을 거예요?

你要吃**几**个?
Nǐ yào chī jǐ ge?

6 보통 몇 시에 일어나요?

一般**几**点起床?
Yìbān jǐ diǎn qǐchuáng?

怎么 어떻게, 왜

한국어를 보고 중국어로 말해보세요.   ☐ ☐ ☐

---

1 어떻게 읽는지 아세요?

你知道怎么读吗?
Nǐ zhīdao zěnme dú ma?

---

2 도대체 왜 그래요?

到底怎么了?
Dàodǐ zěnme le?

---

3 어떻게 이럴 수가 있지?

怎么会这样?
Zěnme huì zhèyàng?

---

4 왜 이렇게 비싸요?

怎么这么贵啊?
Zěnme zhème guì a?

---

5 이건 어떻게 된 거예요?

这是怎么回事?
Zhè shì zěnme huí shì?

---

6 왜 안 먹어요?

你怎么不吃啊?
Nǐ zěnme bù chī a?

什么 무엇, 어떤

한국어를 보고 중국어로 말해보세요. ☐ ☐ ☐

---

1 뭐 찾으세요?

你找**什么**?
Nǐ zhǎo shénme?

---

2 이건 무슨 차에요?

这是**什么**茶?
Zhè shì shénme chá?

---

3 어떤 방법이 있을까요?

有**什么**办法?
Yǒu shénme bànfǎ?

---

4 뭐 먹고 싶어요?

你想吃**什么**?
Nǐ xiǎng chī shénme?

---

5 뭐 보고 있어요?

你在看**什么**?
Nǐ zài kàn shénme?

---

6 무슨 선물을 주는 게 좋을까요?

送**什么**礼物好呢?
Sòng shénme lǐwù hǎo ne?

什么时候 언제

한국어를 보고 중국어로 말해보세요. ☐☐☐

1	언제가 편하세요?	**你什么时候方便啊?** Nǐ shénme shíhou fāngbiàn a?
2	언제 올 거예요?	**你什么时候过来?** Nǐ shénme shíhou guòlái?
3	언제 왔어요?	**你什么时候来的?** Nǐ shénme shíhou lái de?
4	언제 자요?	**你什么时候睡啊?** Nǐ shénme shíhou shuì a?
5	다음에 언제 볼까요?	**下次什么时候见呢?** Xiàcì shénme shíhou jiàn ne?
6	생일이 언제예요?	**你的生日是什么时候?** Nǐ de shēngrì shì shénme shíhou?

핵심 패턴 20

MP3-20

为什么 왜

한국어를 보고 중국어로 말해보세요. ☐ ☐ ☐

| 1 | 왜 웃어요? | **为什么笑啊?**
Wèishénme xiào a? |

| 2 | 병원에 왜 가요? | **为什么去医院?**
Wèishénme qù yīyuàn? |

| 3 | 왜 안 왔어요? | **为什么没来?**
Wèishénme méi lái? |

| 4 | 왜 안 되는 거예요? | **为什么不行?**
Wèishénme bùxíng? |

| 5 | 왜 일찍 말 안 했어요? | **为什么不早说?**
Wèishénme bù zǎo shuō? |

| 6 | 왜 저한테 안 물어봤어요? | **为什么没问我?**
Wèishénme méi wèn wǒ? |

인사관련

'니하오' 말고 다른 말로 인사하자!

헬로우, 안녕

哈喽

Hālóu

Pattern
01

'니하오 你好 nǐ hǎo'라고 인사해도 되지만, 너무 딱딱하고 교과서적인 느낌이 들지 않나요? 요즘은 친한 사람끼리 인사할 때 '你好'보다 '哈喽 hālóu Hello'를 더 많이 씁니다. '哈喽' 외에도 젊은이들 사이에서 영어 Hi, Hey를 뜻하는 '嗨 hāi'와 '嘿 hēi' 등도 많이 쓰는 추세이니 다양한 인사 표현으로 센스 있게 인사해 보세요.

패턴으로 말트기

헬로우

哈喽,

Hālóu

오랜만이야

好久不见。

hǎojiǔ bú jiàn

나는 마윈이라고 해

我是马云。

wǒ shì Mǎ Yún

나중에 시간 날 때 같이 놀자

以后有空一起玩。

yǐhòu yǒu kòng yìqǐ wán

누구의 친구라고 소개할 때

哈喽，我是～的朋友。
Hālóu, wǒ shì ~ de péngyou.
헬로우, 나는 ～의 친구야.

哈喽，你好。
Hālóu, nǐ hǎo.
헬로우, 안녕.

여자친구를 소개할 때

这是我女朋友～。
Zhè shì wǒ nǚpéngyou ~.
내 여자친구 ～ (이)야.

哈喽，很高兴见到你。
Hālóu, hěn gāoxìng jiàndào nǐ.
헬로우, 만나서 반가워.

친구를 만났을 때

哈喽，等很久了吧？
Hālóu, děng hěn jiǔ le ba?
헬로우, 오래 기다렸지?

你可终于来啦!
Nǐ kě zhōngyú lái la!
드디어 왔구나!

단어 好久不见 hǎojiǔ bú jiàn 오랜만입니다　马云 Mǎ Yún 마윈 (알리바바 그룹 회장)　空 kòng 짬, 겨를　一起 yìqǐ 같이
玩 wán 놀다　朋友 péngyou 친구　高兴 gāoxìng 기쁘다　见 jiàn 보다　等 děng 기다리다　久 jiǔ 오래다　可 kě 강조를 나타냄
终于 zhōngyú 드디어

알쏭달쏭 궁금증! **你好!와 你好吗?의 차이점**

'你好!'는 우리말로 '안녕(하세요)!'라는 의미로 처음 만난 사이 또는 잘 아는 사람에게 인사
할 때 사용하는 아주 일상적인 인사 표현이에요. 반면 '你好吗?'는 '잘 지내요?'라는 의미여
서 알고 지내던 사람에게 안부를 물을 때 사용합니다. 때문에 처음 본 사람한테 '你好吗?'를
쓰면, 듣는 상대방도 다소 어리둥절할 수 있으니, 이참에 '你好!'와 '你好吗?'의 차이를 확실
히 알아두세요!

'짜이찌엔'보다
영어를 더 많이 쓴다?

잘 가, 안녕

拜拜

Bàibai

친구와 만났다 헤어질 때 어떤 인사말을 하나요? '안녕', '잘 가', '또 보자', '다음에 봐' 등등 정말 많은 인사 표현이 있죠? 중국어도 마찬가지예요! '再见 zàijiàn'이라는 말만 쓰지 않아요! 요즘에는 헤어질 때의 인사로 '再见'보다 '拜拜 bàibai'를 더 많이 사용하는데 '拜拜'는 영어 Bye-Bye에서 유래된 인사 표현이에요. 한편 휴대폰으로 문자를 보낼 때는 이 '拜拜'를 간단하게 숫자 '88'이라고 보내기도 하는데, 숫자 8이 '拜'의 발음과 비슷하기 때문이랍니다!

Pattern
02

패턴으로 말트기

	내일 봐 **明天见!** míngtiān jiàn
잘 가 **拜拜,** Bàibai	다음 주에 봐 **下周见!** xiàzhōu jiàn
	집에 도착하면 연락해 **到家了告诉我!** dàojiā le gàosu wǒ

헤어질 때 1

拜拜，下次见!
Bàibai, xiàcì jiàn!
잘 가, 다음에 봐!

嗯，拜拜!
Èng, bàibai!
응, 안녕!

헤어질 때 2

拜拜，回头联系!
Bàibai, huítóu liánxì!
잘 가, 나중에 연락해!

好的，拜拜!
Hǎode, bàibai!
알겠어, 안녕!

헤어질 때 3

拜拜，路上小心!
Bàibai, lùshang xiǎoxīn!
잘 가, 조심히 가!

嗯，你也是啊! 拜拜!
Èng, nǐ yě shì a! Bàibai!
응, 너도! 안녕!

단어 明天 míngtiān 내일 下周 xiàzhōu 다음 주 到 dào 도착하다 告诉 gàosu 알리다, 말하다 下次 xiàcì 다음 번 嗯 èng 응 回头 huítóu 나중에 联系 liánxì 연락하다 路上 lùshang 도중 小心 xiǎoxīn 조심하다 也 yě ～도

알쏭달쏭 궁금증! **下次见을 下次看이라고 하면 안 되는 이유**

'看'과 '见'은 모두 '보다'라는 의미인 동사이지만, '看'의 한자를 자세히 보면 손(手)과 눈(目)으로 구성되어 있어 무언가를 주의 깊게 관찰한다는 뜻이 강해요. 반면 '见'의 한자를 자세히 보면 눈(目)과 사람(儿)으로 구성되어 있어서 주로 사람과 사람이 만날 때 쓰며 영어로는 'see, meet'의 의미예요. 따라서 '다음에 만나'라고 말할 때는 '下次看'이 아니라 '下次见'이라고 말하는 거랍니다!

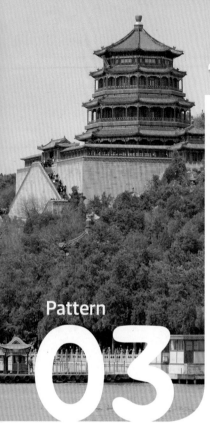

'감사합니다'의 다양한 표현

고맙습니다

谢谢

Xièxie

중국어로 '고맙습니다'는 '谢谢'외에도 정말 다양한 표현이 많이 있어요. 예를 들어 '谢谢啊 xièxie a, 谢啦 xiè la, 多谢 duō xiè' 등이 있죠. '谢谢啊'는 좀 더 부드럽게 감사함을 표현하는 말로 '감사해요, 감사드려요' 정도로 해석하면 자연스러우며, '谢啦'는 좀 더 구어체적인 표현으로 '고마워(요)' 정도로 해석하면 돼요. '多谢'는 감사의 표현을 더하고 싶을 때 써요. 이처럼 상황에 따라서 골라서 써먹는 재미가 쏠쏠하답니다.

Pattern 03

패턴으로 말트기

	폐만 끼쳤네 **麻烦你了。** máfan nǐ le
고마워 **谢谢,** Xièxie	다음엔 내가 쏠게 **下次我来请。** xiàcì wǒ lái qǐng
	나 많이 좋아졌어 **我感觉好多了。** wǒ gǎnjué hǎo duō le

컨디션을 물을 때

这几天身体怎么样?
Zhè jǐ tiān shēntǐ zěnme yàng?
요 며칠 몸은 좀 어때?

谢谢，感觉今天不错。
Xièxie, gǎnjué jīntiān búcuò.
고마워, 오늘은 괜찮은 것 같아.

선물을 받았을 때

成龙，生日快乐!
Chéng Lóng, shēngrì kuàilè!
청룽, 생일 축하해!

多谢你的礼物。
Duōxiè nǐ de lǐwù.
선물 정말 고마워.

밥을 살 때

这次我来请吧。
Zhècì wǒ lái qǐng ba.
이번에는 내가 쏠게.

谢啦，下次我来请。
Xiè la, Xiàcì wǒ lái qǐng.
고마워, 다음엔 내가 쏠게.

단어 麻烦 máfan 폐를 끼치다. 귀찮게 하다 来 lái (어떤 동작·행동을) 하다 请 qǐng 한턱 내다 感觉 gǎnjué 느끼다
这几天 zhè jǐ tiān 요 며칠 身体 shēntǐ 몸, 건강 怎么样 zěnmeyàng 어떠하다 今天 jīntiān 오늘 不错 búcuò 괜찮다, 좋다
生日 shēngrì 생일 快乐 kuàilè 즐겁다 礼物 lǐwù 선물

알쏭달쏭 궁금증! 한턱내다 请

'请 qǐng'은 상대방에게 정중히 권하거나 부탁할 때 사용하는 영어의 please에 해당하는 표현 외에도 '한턱내다'라는 의미도 있다는 사실 알고 계셨나요? 일반적으로 '我请你吃饭。 Wǒ qǐng nǐ chīfàn. 내가 한턱낼게' 형식으로 많이 쓰여요. 뿐만 아니라 '我请客。 Wǒ qǐngkè. 내가 한턱낼게.' 또는 '我请你吃饭。 Wǒ qǐng nǐ chīfàn. 내가 네게 한턱 낼게'의 형태로도 많이 쓰인답니다.

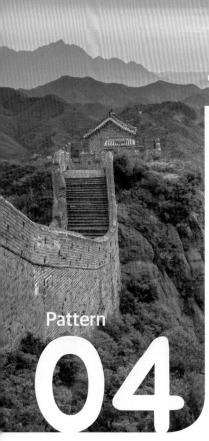

'천만에요' 절대 헷갈리지 말자!

천만에요

不用谢

Búyòng xiè

상대방이 '谢谢'라고 인사했을 때, '没关系 méi guānxi'라고 대답해야 할까요, 아니면 '不用谢 búyòng xiè'라고 대답해야 할까요? 잠시 망설이는 동안, 타이밍을 놓쳐 버리기 일쑤죠? 이때는 '고마워할 것 없어요', '괜찮아요', '천만에요'라는 의미인 '不用谢'로 대답해보세요. '不用谢'의 유사 표현으로는 '不客气 bú kèqi 별말씀을요', '不谢 bú xiè 고맙긴요' 등이 있습니다.

패턴으로 말트기

별거 아니야
小事一桩嘛。
xiǎoshì yì zhuāng ma

천만에
不用谢,
Búyòng xiè

이건 내가 당연히 해야 할 일이야
这是我应该做的。
zhè shì wǒ yīnggāi zuò de

나랑 체면 차릴 거 없어
和我客气什么呀。
hé wǒ kèqi shénme ya

밥 사줘서 고마울 때

谢谢你请我们吃饭。
Xièxie nǐ qǐng wǒmen chīfàn.
우리한테 밥 사줘서 고마워.

不用谢。
Búyòng xiè.
천만에.

데려다 줘서 고마울 때

谢谢你送我回家。
Xièxie nǐ sòng wǒ huíjiā.
집에 데려다 줘서 고마워.

不谢，早点休息。
Búxiè, zǎo diǎn xiūxi.
고맙긴, 일찍 쉬어.

길을 안내해줘서 고마울 때

往前走就是啊？谢谢你！
Wǎng qián zǒu jiùshì a? Xièxie nǐ!
직진하면 된다고요? 감사합니다!

不客气。
Bú kèqi.
별말씀을요.

단어 小事 xiǎoshì 작은 일　桩 zhuāng 건, 가지 (사건이나 일을 세는 단위)　应该 yīnggāi ~ 해야 한다　做 zuò ~ 하다　和 hé ~ 와/과
客气 kèqi 사양하다　什么 shénme 무엇　送 sòng 배웅하다　早 zǎo 일찍이　点 diǎn 조금, 약간　休息 xiūxi 쉬다
往 wǎng ~ 쪽으로　前 qián 앞

알쏭달쏭 궁금증! 많이 헷갈려 하는 부정부사 3인방! 不, 没, 别

먼저 '不 bù'는 과거, 현재, 미래에 대한 부정을 나타내며, 개인의 견해, 즉 주관적인 의지를 나타낼 때 쓰이고, '没 méi'
는 과거의 경험, 행위, 사실에 대한 부정을 나타내며, 객관적인 사실을 부정할 때 쓰여요. 마지막으로 '别 bié'는 ~하지
마'라는 의미로 금지를 나타내는 명령문입니다.
예 1 她不漂亮。Tā bú piàoliang. 그녀는 안 예뻐.
　　2 他没来。Tā méi lái. 그는 안 왔어.
　　3 别哭。Bié kū. 울지 마.

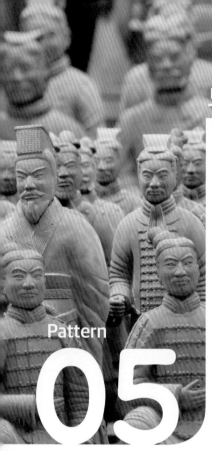

모르는 사람한테 말을 걸 때

말씀 좀 여쭤볼게요

请问
Qǐngwèn

Pattern

05

길을 묻거나 도움을 요청할 때 처음 말문을 여는 에티켓 언어가 바로 '请问'이에요. 그런데 이 '请问'은 말할 때 발음을 주의하셔야 해요! 자칫 성조를 잘못 발음했다가는 상대방에게 '키스해주세요'라는 의미인 '请吻 qǐng wěn'으로 오해해 낭패를 볼 수 있거든요!

패턴으로 말트기

	화장실이 어딘가요?
	# 洗手间在哪儿?
	xǐshǒujiān zài nǎr?
말씀 좀 여쭤볼게요	근처에 편의점 있나요?
# 请问,	# 附近有便利店吗?
Qǐngwèn	fùjìn yǒu biànlìdiàn ma?
	버스 언제 오나요?
	# 公交车什么时候来?
	gōngjiāochē shénme shíhou lái?

낯선 사람에게 장소를 물을 때

请问，附近有咖啡厅吗?
Qǐngwèn, fùjìn yǒu kāfēitīng ma?
말씀 좀 여쭤볼게요, 근처에 커피숍 있나요?

马路对面有个星巴克。
Mǎlù duìmiàn yǒu ge Xīngbākè.
길 건너편에 스타벅스가 있어요.

신분을 확인할 때

请问，你是于晓光吗?
Qǐngwèn, nǐ shì Yú Xiǎoguāng ma?
말씀 좀 여쭤볼게요, 위쇼우광이신가요?

是的，你是哪位?
Shìde, nǐ shì nǎ wèi?
네, 누구시죠?

자리가 있는지 물을 때

请问，这儿有人坐吗?
Qǐngwèn, zhèr yǒu rén zuò ma?
말씀 좀 여쭤볼게요, 여기 자리에 누구 있나요?

没有，你坐吧。
Méiyǒu, nǐ zuò ba.
아니요, 앉으세요.

단어　洗手间 xǐshǒujiān 화장실　附近 fùjìn 근처　便利店 biànlìdiàn 편의점　公交车 gōngjiāochē 버스
什么时候 shénme shíhou 언제　咖啡厅 kāfēitīng 커피숍　马路 mǎlù 큰 길　对面 duìmiàn 건너편
星巴克 Xīngbākè 스타벅스　位 wèi 분, 명　坐 zuò 앉다

알쏭달쏭 궁금증!　请问, 劳驾의 차이점

'실례합니다'를 검색하면 '劳驾 láojià'라는 단어가 나오지만, 보통 모르는 사람에게 '실례합니다'라고 말을 걸 경우에는
우리가 아는 '请问'을 더 많이 사용하고, 여기에서 세련된 느낌을 주려면 '请问'하고 한숨 돌리고 얘기하거나 '请问一下
qǐngwèn yíxià'라고 얘기하면 됩니다. '劳驾'는 다른 사람에게 부탁하거나 도움을 청할 때 쓰는 겸손한 말이기는 하
지만, 주로 서면어적인 느낌이 강합니다.

가볍게 사과할 때는
'不好意思'를 쓰자!

MP3-26

죄송합니다

不好意思

Bù hǎoyìsi

중국어에서 사과를 나타내는 표현은 크게 두 가지로 나눌 수 있어요. 하나는 바로 우리가 잘 알고 있는 '对不起 duìbuqǐ'예요. 교과서나 책에서는 주로 对不起라고 많이 나와 있기는 하지만, 정말 큰일이 났을 때 쓰는 표현으로 웬만큼 미안한 일이 아니고서는 거의 사용하지 않는답니다. 평상시에 중국인들이 미안할 때 쓰는 표현은 바로 '不好意思 bù hǎoyìsi'랍니다. 이 표현은 가볍게 사과할 때, 유감스럽다는 정도로 해석하면 됩니다.

패턴으로 말트기

제가 잘못 봤어요
我看错了。
wǒ kàn cuò le

죄송합니다
不好意思,
Bù hǎoyìsi

폐를 끼쳤네요
打扰你了。
dǎrǎo nǐ le

저 일이 있어서 먼저 갈게요
我有事先走了。
wǒ yǒu shì xiān zǒu le

다른 사람의 발을 밟았을 때

哎呀，好痛!
Āiyā, hǎo tòng!
아이고, 아파라!

不好意思，踩到你了。
Bù hǎoyìsi, cǎi dào nǐ le.
죄송합니다, 발을 밟았네요.

길을 비켜달라고 부탁할 때

不好意思，借过一下。
Bù hǎoyìsi, jièguò yíxià.
죄송한데, 좀 지나갈게요.

哦，好的。
Ò, hǎode.
아, 그래요.

계산할 때

能用信用卡结账吗?
Néng yòng xìnyòngkǎ jiézhàng ma?
신용카드로 결제 가능한가요?

不好意思，只收现金。
Bù hǎoyìsi, zhǐ shōu xiànjīn.
죄송합니다, 현금만 받습니다.

단어　错 cuò 틀리다　打扰 dǎrǎo 폐를 끼치다　事 shì 일　先 xiān 먼저　痛 tòng 아프다　踩 cǎi 밟다　借过 jièguò 지나갈게요
一下 yíxià 좀 ~ 하다　能 néng 가능하다　用 yòng 사용하다　信用卡 xìnyòngkǎ 신용카드　结账 jiézhàng 결제하다
只 zhǐ 오직　收 shōu 받다　现金 xiànjīn 현금

알쏭달쏭 궁금증!　结账, 买单의 차이점

'계산이요, 계산해 주세요, 계산할게요'에 해당하는 중국어 표현이 여러 가지가 있는데요. 식당에서 식사를 마치고 앉은 자리에서 계산해 달라고 종업원을 부를 때 '我要买单。Wǒ yào mǎidān.' 또는 '我要结账。Wǒ yào jiézhàng.' 이라고 말하면 돼요. 다만 '买单'은 남방 지역에서, '结账'은 북방 지역에서 많이 씁니다. 그리고 '结账'은 '계산하다'라는 의미 외에도 '장부를 결산하다'라는 의미도 있어서, 회계 용어에서 광범위하게 사용됩니다.

못 알아들었을 때도
기 죽지 않기!

못 알아들었어요

听不懂

Tīng bu dǒng

중국어를 공부하면서 자주 하게 되는 말 '听不懂 tīng bu dǒng(못 알아들었어요)'은 '상대방이 하는 말이 무슨 말인지 알아들을 수가 없다, 이해할 수 없다'라는 의미입니다. 또한 중국어로 내가 말을 했을 때, 중국인이 '听不懂! (못 알아듣겠어요!)'이라고 말을 하는 경우가 있죠! 이 한 마디에 자신감이 뚝! 뚝! 떨어지곤 하는데, 언어는 자신감이니 절대 기죽지 마세요!

패턴으로 말트기

못 알아들었어요
听不懂,
Tīng bu dǒng

천천히 얘기해 주세요
请说慢一点。
qǐng shuō màn yìdiǎn

말이 너무 빨라요
你说得太快了。
nǐ shuō de tài kuài le

통역 좀 해주세요
帮我翻译一下。
bāng wǒ fānyì yíxià

말을 못 알아들었을 때 1

你还是听不懂?
Nǐ háishi tīng bu dǒng?
아직도 못 알아들었어?

不好意思，我反应慢嘛。
Bù hǎoyìsi, wǒ fǎnyìng màn ma.
미안해. 내가 반응이 느리잖아.

말을 못 알아들었을 때 2

他讲的是广东话吧?
Tā jiǎng de shì Guǎngdōnghuà ba?
그가 말하는 게 광동어지?

怪不得，完全听不懂。
Guàibude, wánquán tīng bu dǒng.
어쩐지, 전혀 못 알아들었어.

말을 못 알아들었을 때 3

师傅，我听不懂你说的话。
Shīfu, wǒ tīng bu dǒng nǐ shuō de huà.
기사님, 말씀하신 거 못 알아들었어요.

那我再说一遍。
Nà wǒ zài shuō yí biàn.
그럼 제가 다시 한번 얘기할게요.

단어 请 qǐng ~해 주세요 慢 màn 느리다 一点 yìdiǎn 좀 太 tài 너무 快 kuài 빠르다 帮 bāng 돕다 翻译 fānyì 번역하다
还是 háishi 아직도 反应 fǎnyìng 반응 讲 jiǎng 이야기하다 广东话 Guǎngdōnghuà 광동어 怪不得 guàibude 어쩐지
完全 wánquán 전혀 说话 shuōhuà 말하다 再 zài 다시 遍 biàn 번, 회

알쏭달쏭 궁금증! 택시 기사 司机 VS 师傅

'司机 sījī'라는 단어가 운전사, 기사라는 뜻이 있긴 하지만, 중국에서는 보통 기사님을 부를 때 '司机'보다는 친근하고 존중의 뜻을 나타내는 '师傅'를 더 많이 사용합니다. 택시 기사를 '司机'라고 부르면 오히려 예의에 어긋나니 주의해야 한다는 사실!

1 **久仰久仰。** 말씀 많이 들었습니다.
Jiǔyǎng jiǔyǎng.

2 **最近怎么样?** 요즘 어떻게 지내요?
Zuìjìn zěnmeyàng?

3 **回头见!** 이따 봐요!
Huítóu jiàn!

4 **不见不散!** 꼭 만나요!
Bújiàn búsàn!

5 **3Q!** 고마워!(인터넷 '영어 땡큐'의 표현)
SānQ!

6 **谢谢，你最棒!** 고마워요. 당신이 최고예요!
Xièxie, nǐ zuì bàng!

7 **太谢谢了，好感动!** 너무 고마워요. 감동받았어요!
Tài xièxie le, hǎo gǎndòng!

8 **没什么大不了的。** 별거 아니에요.
Méi shénme dàbuliǎo de.

9 **别放在心上，没事。** 마음에 두지 마세요. 괜찮아요.
Bié fàng zài xīn shàng, méishì.

10 没事，不要担心。
Méishì, búyào dānxīn.

괜찮아요. 걱정 마세요.

11 让一下，谢谢。
Ràng yíxià, xièxie.

좀 지나갈게요. 감사합니다.

12 能帮我们拍张照吗?
Néng bāng wǒmen pāi zhāng zhào ma?

저희 사진 좀 찍어주실 수 있나요?

13 实在是抱歉。
Shízài shì bàoqiàn.

정말 미안해요.

14 我向您道歉。
Wǒ xiàng nín dàoqiàn.

사과 드리겠습니다.

15 太不好意思了。
Tài bù hǎoyìsi le.

너무 미안해요.

16 没听懂。
Méi tīngdǒng.

못 알아들었어요.

17 没听明白。
Méi tīng míngbai.

제대로 알아듣지 못했어요.

18 我不太会说中文。
Wǒ bútài huì shuō Zhōngwén.

저는 중국어를 잘 못합니다.

우리말에 알맞은 중국어를 말해보고 써보세요.

1 헬로우, 오랜만이야.

   🎤 _____ 。

2 잘 가, 나중에 연락해.

   🎤 _____ 。

3 잘 가, 조심히 가.

   🎤 _____ 。

4 고마워, 폐만 끼쳤네.

   🎤 _____ 。

5 고마워, 다음엔 내가 쏠게.

   🎤 _____ 。

6 천만에, 나랑 체면 차릴 거 없어.

   🎤 _____ 。

7 말씀 좀 여쭤볼게요, 화장실이 어딘가요?

   🔊 _____ ?

8   말씀 좀 여쭤볼게요, 여기 자리에 누구 있나요?

🎤 _____ ?

9   죄송한데, 저 일이 있어서 먼저 갈게요.

🎤 _____ 。

10   죄송한데, 좀 지나갈게요.

🎤 _____ 。

11   못 알아들었어요, 천천히 얘기해 주세요.

🎤 _____ 。

12   못 알아들었어요, 말이 너무 빨라요.

🎤 _____ 。

Answer				
1	哈喽，好久不见。	7	请问，洗手间在哪儿？
2	拜拜，回头联系。	8	请问，这有人坐吗？
3	拜拜，路上小心。	9	不好意思，我有事先走了。
4	谢谢，麻烦你了。	10	不好意思，借过一下。
5	谢啦，下次我来请。	11	听不懂，请说慢一点。
6	不用谢，和我客气什么呀。	12	听不懂，你说得太快了。

중국인이 뽑은 관광지 TOP4

만리장성 万里长城

세계의 7대 불가사의로 꼽히는 만리
장성(万里长城 Wànlǐ Chángchéng)
은 줄여서 '长城(장성)'이라고도 불
리며, 인간이 만든 최대의 건축물로
중국을 상징하는 대표적인 유적이에
요. 중국에서는 '不到长城非好汉 bú
dào Chángchéng fēi hǎohàn 만리장
성에 이르지 못하면 대장부가 아니다'
라는 말이 있을 정도로 꼭 가봐야 하
는 여행지입니다.

계림 桂林

계림(桂林 Guìlín)은 천하 산수의 으뜸이
라는 명성을 얻을 만큼 빼어난 자연환경
을 자랑하는 곳이에요. 이곳은 예로부터
계수나무가 많은 지역으로 '계수나무 꽃
이 흐드러지게 피는 곳'이라고 해서 계림
이라 부르게 되었답니다. 그리고 계림의
이강(漓江 Líjiāng)은 맑고 깨끗한 물, 그
리고 수많은 천연동굴이 어우러져 천태
만상의 절경을 갖춘 최고의 여행지예요.

고궁 故宮

고궁은 자금성(紫禁城 Zǐjìnchéng)이라고도 부르는데 자주색의 금지된 성이라는 뜻으로 명나라 때는 황궁이라 불리었어요. 고궁의 지붕 색깔이 황색으로 특이한데, 중국인들에게 황색은 권위, 부귀, 명망을 뜻하기도 하며 황제를 상징하기도 하는 색상입니다. 그리고 고궁은 현재 중국에서 현존하는 궁궐로서는 가장 웅장하고 뛰어난 건축물입니다.

병마용 兵马俑

중국인들은 베이징의 만리장성과 시안의 병마용(兵马俑 bīngmǎyǒng) 두 곳을 꼭 가봐야 제대로 중국 여행을 했다고 말합니다. 병마용은 진시황이 사후에 자신의 무덤을 지킬 수 있도록 진흙으로 전사, 말, 곡예사, 악사 등을 실물크기로 빚은 부장품이며, 세계의 8대 경이 중의 하나로 꼽히고 있으며 훌륭한 예술품으로 평가되고 있답니다.

〈자기 소개 타임〉

회

Chapter **3**

자기소개

평소에 즐기는 취미

저는 평소에 ~ 해요

我平时~

Wǒ píngshí ~

Pattern
01

'주말에 뭐 해?(周末你干什么? Zhōumò nǐ gàn shénme?)', '퇴근 후에 보통 뭐 해?(下班后你一般干吗? Xiàbān hòu nǐ yìbān gànmá?)' 등의 질문을 받았을 때, '평소에 ~ 해'라는 대답을 자주 하곤 하는데요. 이럴 때 쓰는 표현 '평소(平时 píngshí)'에 대해 배워 볼게요. '平时'는 '평소, 보통, 평상시'라는 의미로 특별한 일이 없는 보통 때를 가리켜요. '我平时' 뒤에 평소에 자신이 일반적으로 하는 일을 말하면 된답니다.

패턴으로 말트기

	헬스 다녀요 **去健身。** qù jiànshēn
저는 평소에 **我平时** Wǒ píngshí	여행 가는 걸 좋아해요 **喜欢去旅游。** xǐhuan qù lǚyóu
	집에서 영화 봐요 **在家看电影。** zài jiā kàn diànyǐng

취미를 물어 볼 때 1

你有什么爱好吗?
Nǐ yǒu shénme àihào ma?
너는 취미가 뭐야?

我平时喜欢游泳。
Wǒ píngshí xǐhuan yóuyǒng.
나는 평소에 수영하는 걸 좋아해.

취미를 물어 볼 때 2

周末你都干什么呢?
Zhōumò nǐ dōu gàn shénme ne?
주말에 너는 뭐 해?

我平时在家看电视剧。
Wǒ píngshí zài jiā kàn diànshìjù.
나는 평소에 집에서 드라마 봐.

취미를 물어 볼 때 3

这些视频都是你拍的吗?
Zhèxiē shìpín dōu shì nǐ pāi de ma?
이 동영상 모두 네가 촬영한 거야?

是啊，我平时喜欢拍摄。
Shì a, wǒ píngshí xǐhuan pāishè.
응, 나는 평소에 촬영하는 거 좋아해.

단어 平时 píngshí 평소 健身 jiànshēn 헬스하다 喜欢 xǐhuan 좋아하다 旅游 lǚyóu 여행하다 电影 diànyǐng 영화
爱好 àihào 취미 游泳 yóuyǒng 수영하다 周末 zhōumò 주말 干 gàn (일을) 하다 电视剧 diànshìjù 드라마
视频 shìpín 동영상 拍 pāi 촬영하다, (사진을) 찍다 拍摄 pāishè 촬영하다

알쏭달쏭 궁금증! **중국의 국민 운동 태극권**

중국에서는 아침에 어르신들이 공원에 모여 음악에 맞춰 '태극권(太极拳 tàijíquán)'을 하는데
요. 태극권의 동작은 다소 느리고 호흡과 동작이 연결되어 있어서 체력단련에 탁월합니다. 태극
권은 중국인들의 생활 속에 습관처럼 스며들어 건강, 장수를 유지하는 비법으로 자리를 굳혔을
뿐만 아니라 세계적으로도 유명한 운동으로 발전하고 있답니다.

신분을 말할 때 기본으로 쓰는 표현

저는 ~ 이에요

我是~

Wǒ shì ~

영어로 자기를 소개할 때 'I am ~'이라고 말하는 것처럼 중국어로 는 '我是~(저는 ~입니다)'라고 표현할 수 있어요. '我是'는 알아두 면 다양하게 활용할 수 있는데, 예를 들어 '저는 학생입니다.(我是学 生。Wǒ shì xuésheng.)', '저는 신입생입니다(我是新生。Wǒ shì xīnshēng.)' 등등이 있어요. '我是' 표현만 잘 익혀 두면, '이름, 국적, 신분, 나이, 가족 소개' 등을 말할 수 있어요.

Pattern

02

패턴으로 말트기

저는 ~ 이에요 **我是** Wǒ shì	직장인 **上班族。** shàngbānzú
	유학생 **留学生。** liúxuéshēng
	대학교 1학년 학생 **大一的学生。** dà yī de xuésheng

대학생일 때

你是大几的?
Nǐ shì dà jǐ de?
대학교 몇 학년이에요?

我是大三的。
Wǒ shì dà sān de.
저는 대학교 3학년이에요.

대학원생일 때

你还在上学吗?
Nǐ hái zài shàngxué ma?
아직 학교 다녀요?

是的，我是研究生。
Shìde, wǒ shì yánjiūshēng.
네, 저는 대학원생이에요.

백수일 때

你做什么工作啊?
Nǐ zuò shénme gōngzuò a?
무슨 일하세요?

我不工作。我是无业游民。
Wǒ bù gōngzuò. Wǒ shì wúyè yóumín.
저는 일을 안 하고 있어요. 백수에요.

단어 还 hái 아직도 上学 shàngxué 학교에 가다 研究生 yánjiūshēng 대학원생 无业游民 wúyè yóumín 백수

알쏭달쏭 궁금증! **바다거북이는 유학파, 미역은 유학파 백수를 일컫는다?**

해외 유학파를 중국어로 '海龟派(hǎiguī pài)'라고 하는데요. '海龟'는 바다거북이지만, 해외에서 귀국한 사람이란 뜻의 '海归(hǎiguī)'와 발음이 같아서 모두 유학파를 의미해요. 그러나 해외에서 공부한 유학파들이 국내로 돌아와서도 일자리를 못 찾다 보니, '海' 뒤에 대기자라는 뜻의 '待'를 붙여서 유학파 백수를 '海待(hǎidài)'로 표현하는데요. 미역이란 뜻의 '海带(hǎidài)'와 발음이 같아서 희화해서 말한답니다.

MP3-31

저는 ~ 을 다니고 있어요

我读~

Wǒ dú ~

'너는 전공이 뭐야?(你是什么专业? Nǐ shì shénme zhuānyè?)'라는 질문을 받았을 때, 간단하게 '我的专业是~ Wǒ de zhuānyè shì ~ (내 전공은 ~ 야.)'라고 대답할 수도 있지만, 또 다른 자연스러운 표현이 있어요. '나는 ~ 을 다니고 있어(나는 ~을 전공해)'라는 의미인 '我读~ Wǒ dú ~'예요. 여기에서 '读'는 우리가 흔히 알고 있는 '소리 내어 읽다, 낭독하다'라는 의미로 쓰인 것이 아니라 '~ 을 전공하다', '~ 을 다니다'라는 의미로 쓰였답니다.

Pattern

03

패턴으로 말트기

저는 ~ 을(를) 다니고 있어요 **我读** Wǒ dú	대학원 **研。** yán
	중문과 **中文系。** Zhōngwénxì
	경영학과 **经营系。** jīngyíngxì

무슨 전공인지 물어볼 때 1

你是什么专业啊?
Nǐ shì shénme zhuānyè a?
너는 전공이 뭐야?

我读英语专业。
Wǒ dú Yīngyǔ zhuānyè.
나는 영문과 전공이야.

무슨 전공인지 물어볼 때 2

你上的是美术系吗?
Nǐ shàng de shì měishùxì ma?
너 회화과 다녀?

不，我读电影系。
Bù, wǒ dú diànyǐngxì.
아니, 나는 연극영화과 다니고 있어.

무슨 전공인지 물어볼 때 3

你读的是什么专业啊?
Nǐ dú de shì shénme zhuānyè a?
너는 어떤 전공을 배워?

我读的是国际贸易系。
Wǒ dú de shì guójì màoyìxì.
나는 국제 무역학과 전공이야.

단어 读 dú ~ 을 전공하다(다니다) 专业 zhuānyè 전공 英语系 Yīngyǔxì 영문과 上 shàng (직장, 학교에) 다니다
美术系 měishùxì 회화과 电影系 diànyǐngxì 연극영화과 国际贸易 guójì màoyì 국제 무역

알쏭달쏭 궁금증! **上과 读의 미세한 차이!**

'上'은 '(학교에) 가다, (학교에) 다니다'라는 의미가 있는데, 이때는 뒤에 주로 '小学 (xiǎoxué 초등학교), 大学(dàxué 대학교) 등의 단어와 결합합니다. '读' 역시 '다니다', 더 나아가 '~ 을 전공하다'라는 의미도 있어서, '上'보다는 그 범위가 더 넓고, 더 큰 개념이라고 볼 수 있습니다.

직함을 얘기할 때 알아둬야 할 표현

~ 회사의 ~ 입니다

是~公司的~

Shì ~ gōngsī de ~

Pattern

04

비즈니스를 하다 보면 상대방과 직접 대면하기도 하고 업무 메일을 써야 하는 경우도 다반사인데요. 이때 가장 먼저 주고받는 표현, 바로 '직함'이죠. 비즈니스를 하면서 상대방의 직함을 틀리지 않고 불러주는 게 상대방과의 좋은 관계를 형성하는데 중요한 요소라는 생각이 드네요. 상대방에게 '저는 ~ 회사의 ~ 입니다'라고 말할 때는 '我是 + ~公司的(회사명) + 직함'이라고 말하면 됩니다.

패턴으로 말트기

저는 YBM 회사의 ~ 입니다
我是YBM公司的
Wǒ shì YBM gōngsī de

직원
员工。
yuángōng

팀장
组长。
zǔzhǎng

대표
总经理。
zǒngjīnglǐ

자기소개할 때 1

请问，您是？
Qǐngwèn, nín shì?
실례지만, 누구세요?

哦，我是YBM公司的代理。
Ò, wǒ shì YBM gōngsī de dàilǐ.
아, 저는 YBM 회사의 대리입니다.

자기소개할 때 2

你好，我是YBM公司的实习生。
Nǐ hǎo, wǒ shì YBM gōngsī de shíxíshēng.
안녕하세요, 저는 YBM 회사의 인턴입니다.

你好，我已经听说了。请进。
Nǐ hǎo, wǒ yǐjing tīng shuōle. Qǐngjìn.
안녕하세요. 이미 전해 들었습니다. 들어오세요.

호칭을 물어볼 때

我该怎么称呼您呢？
Wǒ gāi zěnme chēnghu nín ne?
제가 호칭을 어떻게 불러야 될까요?

我是贸易公司的总经理。
Wǒ shì màoyì gōngsī de zǒngjīnglǐ.
저는 무역 회사의 대표입니다.

단어 **公司** gōngsī 회사 **代理** dàilǐ 대리 **实习生** shíxíshēng 인턴 **已经** yǐjing 이미 **听说** tīngshuō 듣자 하니
该 gāi ~ 해야 한다 **称呼** chēnghu 부르다, 호칭 **贸易** màoyì 무역 **总经理** zǒngjīnglǐ 대표

알쏭달쏭 궁금증! **한국과 중국의 직급 비교**

중국에서 한국식으로 직급을 부르면 못 알아 들을 수도 있고 실례를 범할 수 있으니 아래 표를 참고하세요.

회장 / 이사장	대표 / 사장 / CEO	부장, 차장, 과장
董事长	总经理 / 总裁	总监 / 经理
dǒngshìzhǎng	zǒngjīnglǐ / zǒngcái	zǒngjiān / jīnglǐ
대리	사원	인턴
主任	职员	实习生
zhǔrèn	zhíyuán	shíxíshēng

부서를 소개하거나 물어볼 때

~ 부서에서 일하고 있습니다
在~部工作
Zài ~ bù gōngzuò

Pattern 05

자신이 일하고 있는 부서나 취업을 희망하는 부서를 중국어로는 어떻게 말할까요? 먼저 자신이 일하고 있는 부서를 말할 때는 '在 + 부서명 + 部工作(~ 부서에서 일하고 있습니다)'라고 하면 되고, 희망하는 부서를 말할 때는 '在' 앞에 '~ 하고 싶다'라는 의미의 조동사 '想'을 붙여 '想在 + 부서명 + 部工作(~ 부서에서 일하고 싶습니다)'라고 말하면 된답니다.

패턴으로 말트기

저는 **我在** Wǒ zài	영업부 **营业部** yíngyè bù 마케팅부 **营销部** yíngxiāo bù 디자인부 **设计部** shèjì bù	~ 에서 일하고 있습니다 **工作。** gōngzuò

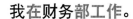

바로 써먹는 회화

어느 부서인지 물어볼 때 1

你是哪个部门的啊?
Nǐ shì nǎge bùmén de a?
어느 부서에요?

我在财务部工作。
Wǒ zài cáiwù bù gōngzuò.
저는 재무팀에서 일하고 있습니다.

어느 부서인지 물어볼 때 2

你是设计部的吧?
Nǐ shì shèjì bù de ba?
디자인팀이시죠?

不，我在营业部工作。
Bù, wǒ zài yíngyè bù gōngzuò.
아니요, 저는 영업부에서 일하고 있습니다.

일한 기간을 물어볼 때

在宣传部工作了几年?
Zài xuānchuán bù gōngzuò le jǐ nián?
홍보팀에서 일한 지 몇 년 되셨어요?

快五年了吧。
Kuài wǔ nián le ba.
5년 다 돼가요.

단어 部 bù 부서 工作 gōngzuò 일하다 部门 bùmén 부서, 팀 财务部 cáiwù bù 재무팀 宣传部 xuānchuán bù 홍보팀

알쏭달쏭 궁금증! 996 근무제란?

'996 근무제'라는 용어를 들어보셨나요? '996 근무제'는 오전 9시 출근, 오후 9시 퇴근, 주 6일 출근이라는 초과근무를 말합니다. 중국 노동법상 근로자의 업무시간은 하루 평균 8시간, 주 44시간을 넘지 않아야 된다고 명시되어 있지만, 중국 대부분의 IT 기업에서는 수당 없는 장시간 초과근무가 일상이라고 합니다.

1 我叫~，今年~岁。
Wǒ jiào ~, jīnnián ~ suì.

제 이름은 ~ 이고. 올해 ~ 살이에요.

2 叫我~好了。
Jiào wǒ ~ hǎo le.

~ (이)라고 불러주시면 돼요.

3 我属~。
Wǒ shǔ ~.

저는 ~ 띠에요.

4 我(老家)是~(的)。
Wǒ (lǎojiā) shì ~ (de).

제 (고향은) ~ (이)에요.

5 以后请多多关照。
Yǐhòu qǐng duōduō guānzhào.

앞으로 잘 부탁 드립니다.

6 我没事就喜欢~。
Wǒ méi shì jiù xǐhuan ~.

저는 일이 없으면 ~ 하는 걸 좋아해요.

7 我参加一些户外活动。
Wǒ cānjiā yìxiē hùwài huódòng.

저는 야외활동을 참가해요.

8 我们兴趣还挺一致的。
Wǒmen xìngqù hái tǐng yízhì de.

우리 취미가 굉장히 비슷하네요.

9 我毕业了。
Wǒ bìyè le.

저는 졸업했어요.

10 **我还没有毕业。**
Wǒ hái méiyǒu bìyè.

저는 아직 졸업 안 했어요.

11 **我休学了。**
Wǒ xiūxué le.

저는 휴학 중이에요.

12 **我在准备就业。**
Wǒ zài zhǔnbèi jiùyè.

저는 취업 준비 중이에요.

13 **我在准备资格证。**
Wǒ zài zhǔnbèi zīgézhèng.

저는 자격증을 준비하고 있어요.

14 **我已经工作了~年了。**
Wǒ yǐjing gōngzuò le ~ nián le.

저는 벌써 일한 지 ~ 년 됐어요.

15 **我是刚入公司的。**
Wǒ shì gāng rù gōngsī de.

저는 신입사원이에요.

16 **我升职了。**
Wǒ shēngzhí le.

저 승진했어요.

17 **我跳槽了。**
Wǒ tiàocáo le.

저는 회사를 옮겼어요.

18 **我辞职了。**
Wǒ cízhí le.

저는 퇴사했어요.

우리말에 알맞은 중국어를 말해보고 써보세요.

1   저는 평소에 헬스 다녀요.

    _____ 。

2   저는 평소에 여행 가는 걸 좋아해요.

    _____ 。

3   저는 평소에 집에서 드라마 봐요.

    _____ 。

4   저는 직장인이에요.

    _____ 。

5   저는 대학원생이에요.

    _____ 。

6   저는 경영학과를 다니고 있어요.

    _____ 。

7   저는 YBM 회사의 직원입니다.

    _____ 。

8 저는 YBM 회사의 인턴입니다.

🎙 _____ 。

9 저는 무역 회사의 대표입니다.

🎙 _____ 。

10 저는 마케팅 부서에서 일하고 있습니다.

🎙 _____ 。

11 홍보팀에서 일한 지 몇 년 되셨어요?

🎙 _____ ?

12 저는 재무팀에서 일하고 있습니다.

🎙 _____ 。

Answer			
1	我平时去健身。	7	我是YBM公司的员工。
2	我平时喜欢去旅游。	8	我是YBM公司的实习生。
3	我平时在家看电视剧。	9	我是贸易公司的总经理。
4	我是上班族。	10	我在营销部工作。
5	我是研究生。	11	在宣传部工作了几年?
6	我读经营系。	12	我在财务部工作。

'억' 소리 나는 상하이 물가!

평균 물가

스위스 줄리어스배어 그룹이 발표한 '2018 아시아 자산 보고서'에 따르면 중국 상하이가 아시아에서 물가가 가장 비싼 도시로 선정됐는데요. 상하이는 특히 주택, 명품시계, 여성용 핸드백, 와인, 보석, 화장품 방면에서 가장 높은 물가를 기록했습니다. 상하이가 1위를 차지한 반면, 서울은 6위를 기록했답니다!

상하이 집값 vs 서울 집값

상하이의 강남이라 할 수 있는 황푸강(黃浦江 Huángpǔ jiāng)을 조망할 수 있는 푸동(浦东 Pǔdōng)의 경우 80~90평 대형 아파트들이 수백억 원씩 하는 가격에 분양되기도 하고, 월세가 2천만 원이 넘는 빌라도 심심찮게 찾아볼 수 있어요. 푸동(浦东)의 고급 아파트는 m^2당 평균 거래가가 20만 위안(약 3,320만 원), 우리나라식 평($3.3m^2$)으로 환산하면 평당 66만 위안(약 1억 957만 원) 정도 된답니다.

교통 요금

상하이의 택시 기본 요금은 14~16위안(2,500~2,800원)으로, 우리나라의 3800원에 비하면 싼 편입니다. 하지만 중국 전역의 택시 기본 요금과 비교하면 상하이의 택시 기본 요금이 비교적 높은 편입니다.

지하철과 버스는 서울이 각각 1,250원(카드)/1,350원(현금 지불시), 1,200원(카드)/1,300원(현금 지불시)인 반면, 중국의 지하철과 버스 요금은 약 2위안(약 340원)~4위안(약 680원)으로 비교적 저렴한 편입니다. 상하이는 지하철 노선이 굉장히 잘 되어 있기 때문에 장거리를 이용할 경우에는 지하철, 버스를 권장합니다!

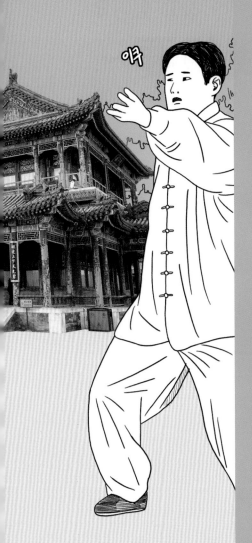

아쿠

저는 ~ 하고 싶어요

我想要~

Wǒ xiǎngyào ~

'想要 xiǎngyào'는 '~ 하고 싶어, ~ 하려고 해'라는 조동사예요. '무언가를 사고 싶거나 먹고 싶을 때, 어디론가 훌쩍 떠나고 싶을 때' 모두 '想要'를 넣어서 자신의 의사를 표현하면 된답니다. 반대로 '~ 하고 싶지 않아'라는 부정을 표현하고 싶을 때는 '想要' 앞에 '不 bù'를 붙여 '不想要' 라고 말하면 됩니다.

패턴으로 말트기

저는 **我想要** Wǒ xiǎngyào	충전을 하고 싶어요 **充值。** chōngzhí
	휴대폰을 사고 싶어요 **买手机。** mǎi shǒujī
	휴대폰 번호를 바꾸고 싶어요 **换手机号。** huàn shǒujī hào

바로 써먹는 회화

휴대폰을 구경할 때

小姐，看手机吗?
Xiǎojiě, kàn shǒujī ma?
아가씨 휴대폰 보시나요?

是的，我想要看一下最新款。
Shìde, wǒ xiǎngyào kàn yíxià zuì xīnkuǎn.
네, 최신모델 좀 보려고요.

휴대폰 번호를 살 때

我是外国人，我想要买个
手机号。
Wǒ shì wàiguórén, wǒ xiǎngyào mǎi ge shǒujī hào.
저는 외국인인데, 휴대폰 번호를 사려고요.

好的，看一下您的
护照。
Hǎode, kàn yíxià nín de hùzhào.
네, 여권 좀 보여 주세요.

휴대폰 충전 방법을 문의할 때

我想要充值，你知道怎么弄吗?
Wǒ xiǎngyào chōngzhí, nǐ zhīdao zěnme nòng ma?
충전하려고 하는데, 어떻게 하는지 아세요?

来，我帮你吧。
Lái, wǒ bāng nǐ ba.
자, 제가 도와 드릴게요.

단어 充值 chōngzhí 충전하다 换 huàn 바꾸다 手机号 shǒujī hào 휴대폰 번호 小姐 xiǎojiě 아가씨 新款 xīnkuǎn 신형 모델
外国人 wàiguórén 외국인 护照 hùzhào 여권 知道 zhīdao 알다 怎么 zěnme 어떻게 弄 nòng ~ 하다

알쏭달쏭 궁금증! **휴대폰 선불 요금제**

중국에서는 휴대폰 요금을 선불제로 운영하고 있습니다. 또한 선불 유심칩은 버스카드처럼 충전이 가능하니 또 구매할 필요 없이 일정 금액을 충전해서 재사용하시면 됩니다. 요금제는 통신사마다 약간의 차이가 있으니 중국의 3대 통신사 '차이나 모바일 中国移动, 차이나 유니콤 中国联通, 차이나 텔레콤 中国电信'에서 비교해보시고 구매하세요.

Chapter 4 생활 공간   79

집 구하기

~ 있어요?

有~吗?

Yǒu ~ ma?

'有 yǒu'는 '~ 이 있다, ~ 을 가지고 있다'라는 의미로 소유를 나타내요. '有'의 부정형은 '不有'라고 실수하는 경우가 많은데, 중국어에 '不有'라는 단어는 존재하지 않아요! 올바른 표현은 '没有 méiyǒu'라는 사실! 그리고 '有没有~?'는 의문문의 형태를 이미 가지고 있기 때문에 문장 끝에 '吗'를 중복해서 사용하면 안 돼요. 有没有~吗? (X)라고 말하면 중국어 하수!!

패턴으로 말트기

	냉장고 **冰箱** bīngxiāng	
有 Yǒu	주차장 **停车位** tíngchēwèi	있어요? **吗?** ma?
	남향인 집 **朝南的房子** cháo nán de fángzi	

집을 구할 때

有这个小区的房子吗?
Yǒu zhège xiǎoqū de fángzi ma?
이 주택 단지에 집이 있나요?

有，坐下来我给你慢慢看。
Yǒu, zuò xiàlai wǒ gěi nǐ mànman kàn.
있어요. 앉아서 천천히 보세요.

남향 집을 구할 때

请问，有朝南的房子吗?
Qǐngwèn, yǒu cháo nán de fángzi ma?
실례합니다, 남향인 집이 있나요?

有，你想租房还是买房?
Yǒu, nǐ xiǎng zūfáng háishi mǎi fáng?
있어요, 전세인가요 아니면 구매이신가요?

주차장이 있는지 문의할 때

有停车位吗?
Yǒu tíngchēwèi ma?
주차장이 있나요?

您稍等，我确认一下。
Nín shāo děng, wǒ quèrèn yíxià.
잠시만요, 확인해볼게요.

단어 朝 cháo ~ 을 향하다 小区 xiǎoqū 주택 단지 下来 xiàlai 동사 뒤에 쓰여서 높은 곳에서 낮은 곳으로 향함을 나타냄
租房 zūfáng (집, 주택 등을) 임대하다 还是 háishi 아니면 稍 shāo 잠시 确认 quèrèn 확인하다

알쏭달쏭 궁금증! 보증금 문화

중국에서 호텔을 이용하거나 집 또는 물건을 렌트할 때는 보통 '押金 yājīn'이라고 하는 보증금을 지불해야 합니다. 예를 들어 보증금은 집주인이 계약 만료 후 보통 돌려줘야 하는 것이 원칙이지만, 집주인에 따라 돌려주지 않으려는 경우 또는 계약 종료 후 집의 하자를 빌미로 보증금을 못 받는 사례가 발생할 수 있으니 서면 계약서나 증거 자료를 만드는 것이 좋습니다.

은행에서 일보기

여기 ~ 할 수 있나요?

这里能~吗?

Zhèli néng ~ ma?

'~ 할 수 있다'라는 조동사는 크게 '能 néng, 可以 kěyǐ, 숲 huì' 이렇게 세 가지가 있어요. 이 중에서 가능, 능력, 허가를 나타내는 '能'을 먼저 배워볼게요. '能'은 '~ 할 수 있다'라는 의미로 술어 앞에 쓰이며, 상황이 가능한지의 여부를 표현하거나 개인의 능력, 허락의 의미를 가지고 있어요. '能'의 부정은 不能 bùnéng, 不可以 bù kěyǐ 랍니다.

Pattern

03

패턴으로 말트기

	환전할 수 있나요? **换钱吗?** huànqián ma?
여기 **这里能** Zhèli néng	통장 만들 수 있나요? **开账户吗?** kāi zhànghù ma?
	신용카드 만들 수 있나요? **办信用卡吗?** bàn xìnyòngkǎ ma?

은행에서 카드 만들 때

这里能办借记卡吗?
Zhèli néng bàn jièjìkǎ ma?
여기에서 체크 카드 만들 수 있나요?

可以，没问题。
Kěyǐ, méi wèntí.
네, 문제 없습니다.

국제 송금을 할 때

请问，这里能汇钱到韩国吗?
Qǐngwèn, zhèli néng huìqián dào Hánguó ma?
실례지만, 여기에서 한국으로 송금할 수 있나요?

可以，请到1号窗口办理。
Kěyǐ, qǐng dào yī hào chuāngkǒu bànlǐ.
네, 1번 창구에서 처리하세요.

환전하려고 할 때

这里能换韩币吗?
Zhèli néng huàn Hánbì ma?
여기에서 한국 돈으로 바꿀 수 있나요?

能，要换多少?
Néng, yào huàn duōshao?
가능합니다. 얼마나 바꾸시려고요?

단어 借记卡 jièjìkǎ 체크카드 可以 kěyǐ ~ 할 수 있다 问题 wèntí 문제 汇钱 huìqián 송금하다 到 dào ~ 로 号 hào 번
窗口 chuāngkǒu 창구 办理 bànlǐ 처리하다, 해결하다 韩币 Hánbì 한국 화폐

알쏭달쏭 궁금증! 중국은행 VS 한국은행

중국은 한국과 달리 국유은행들이 토요일과 일요일에도 근무하는 것을 볼 수 있어요. 그래서 주말에도 개인 입출금이나 송금 등의 서비스를 이용하는 데 불편함이 거의 없습니다. 다만 '春节 Chūnjié 설, 劳动节 Láodòngjié 노동절' 등의 법정공휴일에는 은행과 지점마다 영업을 안 하거나, 영업을 하더라도 단축 근무를 하는 곳이 있으니 사전 공지 사항을 꼭 참고하세요!

~ 한 근에 얼마예요?

~多少钱一斤?

~ duōshao qián yì jīn?

Pattern 04

가격을 물을 때는 '多少钱? duōshao qián? 얼마예요?'이라고 물어야 합니다. 그러나 중국인은 실제로 발음을 할 때 '多少钱?'에서 '少' 경성 발음을 아주 짧게 발음하기 때문에 '뚜얼 치엔? 多(少)儿钱?'이라고 말하는 것처럼 들릴 거예요. 만약에 '한 근에 얼마예요?'라고 묻고 싶다면 '多少钱' 뒤에 무게를 세는 단위 '一斤'을 붙여 多少钱一斤?이라고 하면 됩니다.

패턴으로 말트기

돼지고기 **猪肉** Zhūròu	
오이 **黄瓜** Huángguā	한 근에 얼마예요? **多少钱一斤?** duōshao qián yì jīn?
감자 **土豆(儿)** Tǔdòu(r)	

닭고기를 살 때

鸡肉多少钱一斤?
Jīròu duōshao qián yì jīn?
닭고기는 한 근에 얼마예요?

38块钱一斤。
Sāshíbā kuài qián yì jīn.
한 근에 38위안이에요.

쇠고기를 살 때

这牛肉多少钱一斤?
Zhè niúròu duōshao qián yì jīn?
이 쇠고기는 한 근에 얼마예요?

是澳洲进口的，55块一斤。
Shì Àozhōu jìnkǒu de, wǔshíwǔ kuài yì jīn.
호주산인데, 한 근에 55위안이에요.

연어를 살 때

老板，三文鱼多少钱一斤?
Lǎobǎn, sānwényú duōshao qián yì jīn?
사장님, 연어는 한 근에 얼마예요?

给你便宜点，40块一斤。
Gěi nǐ piányi diǎn, sìshí kuài yì jīn.
싸게 해 드릴게요. 한 근에 40위안이에요.

단어 **鸡肉** jīròu 닭고기 **块** kuài 위안 **牛肉** niúròu 소고기 **澳洲** Àozhōu 호주 **进口** jìnkǒu 수입하다 **三文鱼** sānwényú 연어
便宜 piányi 싸다

알쏭달쏭 궁금증! **중국의 무게 단위 근(斤)**

중국은 kg 단위가 아닌 근(斤) 단위로 물건을 팝니다. 중국의 근 단위는 우리나라의 근 단위
와는 조금 차이가 있는데 우리나라의 한 근은 600g이지만, 중국의 한 근은 500g입니다. 참
고로 채소, 고기, 과일, 몸무게 또한 근으로 표현한답니다.

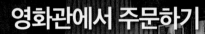

영화관에서 주문하기

 MP3-39

~ 샀어요?

~买了吗?

~ mǎi le ma?

'买'는 사다. '了'는 동사나 형용사 뒤에 쓰여 동작이 이미 완료되었음을 나타내요. '了' 뒤에 '吗?'를 붙여 '~了吗?'라고 말하면 '~ 했어요?'라는 의미로 동작의 완료 여부를 묻는 표현이 되고요. 이 밖에도 '了吗?'는 정반의문문 '~了没(有)?' 형태로 사용이 가능하지만 회화에서는 买了没有? 보다는 '买了没?', '买了没啊?'도 많이 쓴답니다.

패턴으로 말트기

콜라
可乐
Kělè

영화표
电影票
Diànyǐngpiào

팝콘
爆米花
Bàomǐhuā

샀어요?
买了吗?
mǎi le ma?

영화표 샀는지 물을 때

电影票买了吗?
Diànyǐngpiào mǎi le ma?
영화표 샀어?

早就买好啦。
Zǎojiù mǎihǎo la.
진작 샀지.

팝콘을 샀는지 물을 때

爆米花买了吗?
Bàomǐhuā mǎi le ma?
팝콘 샀어?

没买，你每次都吃不完。
Méi mǎi, nǐ měicì dōu chī bu wán.
안 샀어, 너 매번 다 못 먹잖아.

아이스크림을 샀는지 물을 때

冰激凌买了吗?
Bīngjīlíng mǎi le ma?
아이스크림 샀어?

电影院里好像不卖冰激凌。
Diànyǐngyuàn li hǎoxiàng bú mài bīngjīlíng.
영화관에서는 아이스크림을 안 파는 거 같아.

단어 **早就** zǎojiù 이미, 진작 **每次** měicì 매번 **都** dōu 모두 **吃不完** chī bu wán 다 먹지 못하다 **冰激凌** bīngjīlíng 아이스크림 **电影院** diànyǐngyuàn 영화관 **里** li/lǐ 안, 내부 **好像** hǎoxiàng 마치 ~ 과(와) 같다 **卖** mài 팔다

알쏭달쏭 궁금증! **영화티켓 구매 방법**

요즘은 모바일 예매로 영화표를 많이 사는데요. 만약 중국에서 영화를 보신다면 '大众点评, 美团' 등의 앱으로 영화 티켓을 구매하세요. 대략 20~40위안 정도면 티켓을 구매할 수 있고 미리 좌석까지 선택이 가능합니다. 하지만 단점은 미리 예매를 했어도 자동 표 발권기에서 실물 표로 다시 받아야 하고, 결제 시 알리페이, 위챗페이, 중국 계좌 등이 있어야 결제가 가능해요.

우체국에서 소포 부치기

~ 부치려고 합니다

我要寄~

Wǒ yào jì ~

Pattern 06

'要'는 '~ 하려고 하다, ~ 할 것이다'라는 의미로 동사 앞에서 어떤 일을 하고자 하는 의지를 나타내는 조동사예요. 간혹 화자의 바램을 나타내는 조동사 '想 xiǎng'과 많이 혼동하는데 여기에서는 '要' 뒤에 '(우편으로) 부치다, 보내다'라는 동사 '寄 jì'가 왔으므로 '무언가를 부치려고 한다'라는 의미가 됩니다. 이제 우체국에 가서 자신 있게 말해보세요!

패턴으로 말트기

저는 ~ 부치려고 합니다 **我要寄** Wǒ yào jì	편지 **信。** xìn
	연하장 **贺年卡。** hèniánkǎ
	소포 **包裹。** bāoguǒ

소포 부칠 때

你去哪儿啊?
Nǐ qù nǎr a?
너 어디 가?

我要去邮局寄包裹。
Wǒ yào qù yóujú jì bāoguǒ.
소포 부치러 우체국 가.

국제 소포 부칠 때

你好，我要寄国际包裹。
Nǐ hǎo, wǒ yào jì guójì bāoguǒ.
안녕하세요. 국제 소포를 부치려고 하는데요.

好的，请把包裹放这儿。
Hǎode, qǐng bǎ bāoguǒ fàng zhèr.
네, 소포를 여기에 놓아주세요.

배달 소요 일을 물을 때

我要寄包裹。寄到韩国要多长时间?
Wǒ yào jì bāoguǒ. Jì dào Hánguó yào duō cháng shíjiān?
소포를 부치려고 합니다. 한국으로 보내려면 얼마나 걸리나요?

大概要两个星期。
Dàgài yào liǎng ge xīngqī.
대략 2주 정도 걸려요.

단어 寄 jì 부치다 邮局 yóujú 우체국 国际 guójì 국제 把 bǎ ~ 을(를) 放 fàng 놓다, 두다 这儿 zhèr 여기, 이곳 大概 dàgài 대략
星期 xīngqī 주

알쏭달쏭 궁금증! 중국 우체국에서 택배 보낼 때

1 반드시 여권을 지참하자!
2 중국에서는 물품을 일일이 풀어 확인하고 우체국 전용 박스를 구매해서 보내야 하기 때문에 미리 상자에 넣어 테이프로 칭칭 감아 갈 필요가 없다!
3 중국의 우체국 간판과 우체통은 우리나라와 달리 초록색이니 헷갈리지 말자!

편의점에서 도움 요청하기

 MP3-41

~ 해 주세요

帮我~一下

Bāng wǒ ~ yíxià

'帮我~一下 Bāng wǒ ~ yíxià'는 말 그대로 '나를 도와(나를 대신해서) ~ 해 주세요'라는 의미로 상대방에게 부탁할 때 쓰는 표현이에요. 자연스럽게 '~ 해 주세요' 정도로 해석하면 돼요. 여기에서 조금 더 공손하게 표현하고 싶다면 앞에 '请 qǐng'을 붙여서 '请帮我~一下'라고 표현하면 됩니다!

패턴으로 말트기

좀 찾아 주세요

找一下。
zhǎo yíxià

(저를 도와)

帮我
Bāng wǒ

충전해 주세요

充一下值。
chōng yíxià zhí

계산해 주세요

结一下账。
jié yíxià zhàng

---

90 YBM 보이는 중국어 회화

데워달라고 요청할 때

你好，麻烦你帮我加热一下。
Nǐ hǎo, máfan nǐ bāng wǒ jiārè yíxià.
안녕하세요, 번거롭게 해서 죄송하지만 좀 데워주세요.

好的，没问题。
Hǎode, méi wèntí.
네, 알겠습니다.

계산을 요청할 때

你好，帮我结一下账。
Nǐ hǎo, bāng wǒ jié yíxià zhàng.
안녕하세요, 계산 좀 해주세요.

马上来。
Mǎshàng lái.
금방 가겠습니다.

라면 물 좀 부어달라고 할 때

这泡面能不能帮我泡一下？
Zhè pàomiàn néng bu néng bāng wǒ pào yíxià?
라면에 물 좀 부어줄 수 있나요?

可以，请稍等。
Kěyǐ, qǐng shāo děng.
네, 잠시만 기다려주세요.

단어 找 zhǎo 찾다 麻烦 máfan 번거롭게 하다 加热 jiārè 데우다 马上 mǎshàng 금방, 즉시 泡面 pàomiàn 인스턴트 라면
泡 pào (물에) 담그다

알쏭달쏭 궁금증! **중국 편의점에서만 볼 수 있는 진풍경!**

우리나라 편의점에서 맥반석 계란을 판매한다면, 중국에는 간장·오향·찻잎 등과 함께 삶은
달걀인 '茶叶蛋 cháyèdàn'을 판매합니다. '茶叶蛋'은 삶은 계란의 껍질을 살짝 금이 가게
한 다음 간장·오향·찻잎 등을 넣고 끓여서 맛이 배게 만든 것으로, 중국의 대표 길거리 음식
이기도 하고, 편의점이나 작은 구멍가게 등에서 판매되고 있답니다.

곧 ~ (이)다

快要~了

kuàiyào ~ le

'快要~了'는 '곧 ~ 이다'라는 의미로 가까운 미래에 곧 어떤 상황이 발생할 것임을 나타낼 때 쓰는 표현이에요. 여기에 쓰인 '了'는 상황의 변화를 나타내는 어기조사예요. 여기서 주의할 점은 '快要~了' 앞에는 구체적인 시간을 나타내는 시간 명사가 올 수 없다는 거예요. 예를 들어 '그는 다음 주에 곧 귀국해.'는 '他下星期快要回国了.' 가 아닌 구체적인 시간 명사를 쓸 수 있는 '就要~了'를 써서 '他下星期就要回国了.'라고 말해야 합니다.

Pattern

08

패턴으로 말트기

곧	시험	(이)다
	考试 kǎoshì	
快要 Kuàiyào	**放假** fàngjià	**了。** le
	开会 kāihuì	

언제 시험 보는지 물어볼 때

 快要期末考(试)**了**吧?
Kuàiyào qīmòkǎo(shì) le ba?
곧 기말고사지?

是的，下星期就开始了。
Shìde, xià xīngqī jiù kāishǐ le.
맞아, 다음 주면 시작이야.

방학 때 계획을 물어볼 때

 快要放假**了**，你打算干什么?
Kuàiyào fàngjià le, nǐ dǎsuan gàn shénme?
곧 방학(휴가)인데, 뭐 할 계획이야?

我打算放假考驾照。
Wǒ dǎsuan fàngjià kǎo jiàzhào.
나는 방학 때 운전면허를 따려고 해.

계약 만료일이 다가올 때

 合同**快要到期了**。
Hétong kuàiyào dàoqī le.
계약서 만료일이 곧 다가와요.

是到几月几号?
Shì dào jǐ yuè jǐ hào?
몇 월 며칠까지예요?

단어 **考** kǎo 시험(보다) **期末考(试)** qīmòkǎo(shì) 기말고사 **下星期** xià xīngqī 다음 주 **开始** kāishǐ 시작하다
打算 dǎsuan 계획하다 **驾(驶执)照** jià(shǐ zhí)zhào 운전 면허증 **合同** hétong 계약(서) **到期** dàoqī 만기가 되다

알쏭달쏭 궁금증! **중국의 낮잠 문화**

우리나라는 낮잠 문화가 따로 없다 보니, 낮잠을 자는 중국의 문화가 조금 낯설 수도 있어요! 그러나 중국은 낮잠 자는 것을 당연하게 생각하고 또 낮잠을 서로 권하는 문화예요. 처음 중국인이 낮잠을 잔다고 말하면, '아기도 아니고 무슨 낮잠이야?'라고 생각할 수도 있지만 중국은 직장인들도 점심시간에 잠시라도 눈을 붙이는 습관이 있답니다. 낮잠은 중국어로 '午睡 wǔshuì'라고 해요.

1 要省电的。
Yào shěngdiàn de.

배터리 소모가 적은 걸 원해요.

2 内存多少啊?
Nèicún duōshao a?

용량이 어떻게 되나요?

3 要屏幕大一点儿的。
Yào píngmù dà yìdiǎnr de.

화면이 조금 큰 걸 원해요.

4 房间有多大?
Fángjiān yǒu duō dà?

방은 얼마나 큰가요?

5 房子在几楼?
Fángzi zài jǐ lóu?

집은 몇 층인가요?

6 押金多少钱?
Yājīn duōshao qián?

보증금은 얼마인가요?

7 外国人也能办信用卡吗?
Wàiguórén yě néng bàn
xìnyòngkǎ ma?

외국인도 신용카드를 만들 수 있나요?

8 我要寄钱到韩国。
Wǒ yào jì qián dào Hánguó.

돈을 한국으로 보내려고요.

9 短信提醒怎么申请啊?
Duǎnxìn tíxǐng zěnme
shēnqǐng a?

문자 알림은 어떻게 신청하나요?

10 一共多少钱?
Yígòng duōshao qián?

모두 얼마죠?

11 我要两张~电影票。
Wǒ yào liǎng zhāng ~
diànyǐng piào.

~ 영화표 두 장 주세요.

12 你好像坐错位子了。
Nǐ hǎoxiàng zuò cuò wèizi le.

자리 잘못 앉으신 거 같아요.

13 哪个方式最便宜?
Nǎge fāngshì zuì piányi?

어떤 방식이 가장 저렴한가요?

14 纸箱多少钱一个?
Zhǐxiāng duōshao qián yí ge?

종이 상자 하나에 얼마예요?

15 这个是买一送一吗?
Zhège shì mǎi yī sòng yī ma?

이거 1+1 맞나요?

16 请给我一个塑料袋。
Qǐng gěi wǒ yí ge sùliàodài.

비닐봉지 하나 주세요.

17 晚上有空吗?
Wǎnshang yǒu kòng ma?

저녁에 시간 있어요?

18 今天要加班吗?
Jīntiān yào jiābān ma?

오늘 야근할 건가요?

우리말에 알맞은 중국어를 말해보고 써보세요.

1 저는 충전을 하고 싶어요.

🎤 _____ 。

2 남향인 집 있나요?

🎤 _____ ?

3 주차장이 있나요?

🎤 _____ ?

4 여기에서 한국 돈으로 바꿀 수 있나요?

🎤 _____ ?

5 여기에서 신용카드 만들 수 있나요?

🎤 _____ ?

6 돼지고기 한 근에 얼마예요?

🎤 _____ ?

7 영화표 샀어요?

🔊 _____ ?

8 팝콘 샀어요?

🎤 _____?

9 저는 국제 소포를 부치려고 합니다.

🎤 _____。

10 번거롭게 해서 죄송하지만 좀 데워주세요.

🎤 _____。

11 곧 기말고사예요.

🎤 _____。

12 곧 방학(휴가)인데, 뭐 할 계획이야?

🎤 _____?

Answer			
1	我想要充值。	7	电影票买了吗?
2	有朝南的房子吗?	8	爆米花买了吗?
3	有停车位吗?	9	我要寄国际包裹。
4	这里能换韩币吗?	10	麻烦你帮我加热一下。
5	这里能办信用卡吗?	11	快要期末考(试)了。
6	猪肉多少钱一斤?	12	快要放假了，你打算干什么?

중국의 아침 풍경

중국인은 공원에서 다양한 여가 생활을 즐기는데요. 대표적인 몇 가지를
함께 알아볼까요?

남녀 짝을 지어 추는 '社交舞 사교댄스'

아침저녁 시간에 공원에서 음악을 틀
어 놓고 남녀가 짝을 지어 춤을 추는
데, 이것을 중국어로 '사교댄스(社交舞
shèjiāowǔ)'라고 합니다. 중국에서의 사
교댄스는 건전한 스포츠로서 연인끼리,
부부끼리, 아버지와 딸이 서로 적당한
거리를 두고 춤을 즐긴답니다. 사교댄
스가 중국에 전해진 것은 1920년대 전
후로, 당시의 상류사회에서 시작되었으
며, 번화했던 상하이에서 가장 유행하였
다고 합니다.

땅 위에 글자를 쓰는 '地书 지서'

개조한 큰 붓에 물을 묻혀, 마른 바닥에
글씨를 쓰는 것을 '지서(地书 dìshū)'라고
하는데, 주로 공원이나 광장에서 쉽게 지
서를 하는 어르신들을 만나 볼 수 있어요.
지서는 노인들에게는 심신 단련, 아이들
에게는 글씨 연습을 위한 놀이입니다.

태권도는 跆拳道,
태극권은 太极拳이랍니다.
헷갈리지 마세요~!

중국의 권법 '太极拳 태극권'

아침이면 공원, 아파트, 시골 마을 등 여러 곳에서 '태극권(太极拳 tàijí quán)'을 하는 사람들을 쉽게 볼 수 있는데요. 태극권은 가장 대중화된 무술이며, 중국의 국민운동입니다. 중국 특유의 문화인 태극권을 보고 싶다면, 아침 일찍 일어나 공원 산책을 해 볼 것을 추천합니다. 태극권의 동작은 다소 느리기 때문에 무리한 동작이 없지만, 체력 단련에 좋을 뿐 아니라 호흡 방법과 동작이 연결되어 있어 호흡 단련에도 좋습니다!

海鮮

식당에 들어갈 때

~ 명입니다

是~个人

Shì ~ ge rén

식당에 들어가면 제일 먼저 종업원이 '몇 분이세요?(几位? Jǐ wèi?)'라고 물어보죠! 그럴 때 우리는 '몇 명입니다'라고 대답하는데, '몇 명입니다'는 중국어로 '是~个人'이라고 하며, '是'와 '个人' 사이에 '인원수'를 넣으면 되는데, '둘'이 갔을 때는 숫자 '二 èr'이 아닌 两 liǎng'을 넣어 '두 명입니다(是两个人 Shì liǎng ge rén)'라고 해야 합니다.

패턴으로 말트기

	두(둘) **两** liǎng	
저희는 **我们是** Wǒmen shì	세(셋) **三** sān	명입니다 **个人。** ge rén
	네(넷) **四** sì	

손님이 몇 명인지 물어볼 때

您好，请问几位?
Nín hǎo, qǐngwèn jǐ wèi?
안녕하세요, 실례지만 몇 분이세요?

我们**是**五个人。
Wǒmen shì wǔ ge rén.
저희는 5명이에요.

예약을 했다고 말할 때

我预订过，姓赵。**是**三个人。
Wǒ yùdìngguo, xìng Zhào. Shì sān ge rén.
저 예약했는데, 성은 조씨입니다. 3명이에요.

三位是吧? 请跟我来。
Sān wèi shì ba? Qǐng gēn wǒ lái.
3명 맞으시죠? 저를 따라오세요.

자리가 있는지 물어볼 때

请问，有位子吗? 我们**是**两**个**人。
Qǐngwèn, yǒu wèizi ma?
Wǒmen shì liǎng ge rén.
실례지만, 자리 있나요? 저희는 2명이에요.

得等一下，您先拿个号。
Děi děng yíxià, nín xiān ná ge hào.
좀 기다리셔야 해요. 먼저 번호표 받으세요.

단어 位 wèi 분, 명 预订 yùdìng 예약(하다) 姓 xìng 성(씨) 赵 Zhào 조(성씨) 跟 gēn 따라가다 位子 wèizi 자리
得 děi ~해야 한다 先 xiān 먼저 拿 ná 받다 号 hào (차례·순번을 표시하는) 번호

알쏭달쏭 궁금증! **个와 位의 차이**

'个 ge'와 '位 wèi'는 모두 사람을 셀 때 쓰는 양사입니다. 먼저 '个'는 '~ 명, ~ 사람'이라는 의미로 사람이나 전용 양사가 없는 명사에 두루 쓰이기 때문에 사용 범위가 넓고 주로 회화에서 사용합니다. 반면 '位'는 '~ 분'이라는 의미로 뒤에 오는 사람을 높여서 부르는 말로 공경의 뜻을 내포하고 있으며, 비교적 공식적인 상황에서 사용합니다.

종업원을 부를 때

여기요 ~

服务员~

Fúwùyuán ~

우리나라는 식당에서 종업원을 부를 때 아주머니, 아저씨, 아가씨, 이모, 사장님 등 정말 다양한 호칭을 사용하는데요. 중국에서는 식당에서 대부분 '종업원 服务员 fúwùyuán'을 많이 씁니다. 직역하면 '종업원'이지만 '여기요!', '저기요!' 정도로 해석하는 것이 자연스러워요.

Pattern
02

패턴으로 말트기

여기요	계산해 주세요!
服务员,	**买单!**
Fúwùyuán	*mǎidān!*
	주문할게요!
	点餐/点菜!
	diǎncān / diǎncài!
	테이블 좀 닦아 주시겠어요?
	擦一下桌子好吗?
	cā yíxià zhuōzi hǎo ma?

결제 방식을 물어볼 때

服务员，买单!
Fúwùyuán, mǎidān!
여기요, 계산할게요!

刷卡还是支付宝?
Shuākǎ háishi Zhīfùbǎo?
카드로 아니면 알리페이로 결제하시나요?

주문한 요리를 재촉할 때

服务员，我们的菜怎么还没上啊?
Fúwùyuán, wǒmen de cài zěnme hái méi shàng a?
여기요, 저희 음식 왜 아직도 안 나오는 거죠?

快做好了，我再去催一下。
Kuài zuò hǎo le, wǒ zài qù cuī yíxià.
거의 다 됐습니다, 제가 다시 가서 재촉하겠습니다.

할인 쿠폰을 사용할 때

服务员，这个优惠券可以用吗?
Fúwùyuán, zhège yōuhuìquàn kěyǐ yòng ma?
여기요, 이 할인 쿠폰 사용할 수 있나요?

可以，用优惠券的话一共100。
kěyǐ, yòng yōuhuìquàn dehuà yígòng yìbǎi.
가능합니다. 쿠폰을 사용하시면 총 100위안입니다.

단어 **擦** cā (천이나 수건 따위로) 닦다 **桌子** zhuōzi 테이블 **刷卡** shuākǎ 카드로 결제하다 **支付宝** Zhīfùbǎo 알리페이 (결재 앱)
上 shàng 음식이 나오다 **催** cuī (행동이나 일을) 재촉하다 **用** yòng 사용하다 **的话** dehuà ~ 이면 **一共** yígòng 총, 모두

알쏭달쏭 궁금증! **계산은 자리에서!**

중국에서는 일반적으로 식사를 마친 후 자리에 앉아서 종업원에게 계산서를 요구하고 계산
(买单 mǎidān)하며, 거스름돈과 영수증 또한 앉아서 기다리면 종업원이 가져다 주는 시스
템입니다. 우리나라처럼 항상 카운터에서 계산을 하지 않는다는 사실, 알아두세요!

~ 먹을래요

我要吃~

Wǒ yào chī ~

Pattern

03

'~ 먹을래요'는 중국어로 '我要吃~'라고 해요. 동사 '吃 chī' 앞에 희망과 의지를 나타내는 '要 yào'를 넣고, 원하는 메뉴를 말하면 끝! 원하는 메뉴가 생각나지 않을 때는 '我要吃' 뒤에 지시대명사 '这个 이것(zhège)', '那个 저것(nàge)'을 넣어 당당하게 주문해 보세요!

패턴으로 말트기

	감자 튀김 **薯条。** shǔtiáo
~ 먹을래요 **我要吃** Wǒ yào chī	햄버거 **汉堡。** hànbǎo
	닭다리 **鸡腿。** jītuǐ

감자 튀김을 먹고 싶을 때

我要吃薯条。
Wǒ yào chī shǔtiáo.
나는 감자 튀김 먹을래.

你不是在减肥吗?
Nǐ búshì zài jiǎnféi ma?
너 지금 다이어트하지 않아?

먹고 싶은 거 물어볼 때

肚子好饿啊! 你要吃什么?
Dùzi hǎo è a! Nǐ yào chī shénme?
너무 배고프다! 너 뭐 먹을래?

我要吃炸鸡翅。
Wǒ yào chī zhá jīchì.
나는 닭 날개(치킨) 먹을래.

할인 쿠폰이 있을 때

我要吃汉堡。
Wǒ yào chī hànbǎo.
나는 햄버거 먹을래.

好啊，正好我有优惠券!
Hǎo a, zhènghǎo wǒ yǒu yōuhuìquàn!
좋아, 마침 나 할인 쿠폰이 있어!

단어 减肥 jiǎnféi 다이어트하다 肚子 dùzi 배 (복부) 好 hǎo 엄청, 아주 饿 è 배고프다 炸鸡翅 zhá jīchì 닭 날개 (치킨)
正好 zhènghǎo 마침 优惠券 yōuhuìquàn 할인 쿠폰

알쏭달쏭 궁금증! 중국 맥도날드에서만 맛볼 수 있는 메뉴 타로 파이!

중국 맥도날드에 가서 한 번쯤 사 먹으면 좋은 메뉴, 바로 '香芋派 xiāngyùpài 타로 파이'
입니다. 보라색 타로 크림으로 채워진 타로는 열대 지방에서 나는 고구마와 비슷한 맛이 나
는 작물이에요. 타로 파이 외에도 복숭아 파이(蜜桃派 mìtáopài), 파인애플 파이(菠萝派
bōluópài) 등도 인기가 많으니, 꼭 드셔보세요!

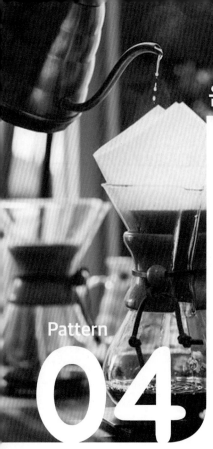

음료 주문하기

MP3-47

~ 한 잔 주세요
来一杯~
Lái yì bēi ~

중국 카페에서 커피를 주문할 때 '来一杯~(~ 한 잔 주세요)' 뒤에
주문하고 싶은 음료 이름을 넣으면 돼요. 예를 들어 '버블티 한 잔 주
세요'라고 말할 때는 '来一杯奶茶 Lái yì bēi nǎichá'라고 하면 돼요.
'来 lái'는 흔히 우리가 알고 있는 '오다'라는 뜻 외에도 여기에서처럼
'~ 주세요'라는 의미로도 많이 쓰인답니다. 카페에서 음료를 주문할
때, 음식점에서 음료를 주문할 때, 시장에서 물건을 살 때 활용해 보
세요.

패턴으로 말트기

	물 **水。** shuǐ
~ 한 잔 주세요 **来一杯** Lái yì bēi	따뜻한 커피 **热咖啡。** rè kāfēi
	아이스 아메리카노 **冰美式咖啡。** bīng Měishì kāfēi

음료 주문하기 1

你要喝什么?
Nǐ yào hē shénme?
너 뭐 마실래?

来一杯水就行了。
Lái yì bēi shuǐ jiù xíng le.
물 한 잔이면 돼.

음료 주문하기 2

来一杯雪碧吧。
Lái yì bēi xuěbì ba.
스프라이트 한 잔 주세요.

你要冰的还是常温的?
Nǐ yào bīng de háishi chángwēn de?
차가운 걸로 드릴까요, 아니면 상온에 있는 걸로 드릴까요?

음료 주문하기 3

你好，需要点什么?
Nǐ hǎo, xūyào diǎn shénme?
안녕하세요. 무엇을 주문하시겠어요?

你好，来一杯果汁。
Nǐ hǎo, lái yì bēi guǒzhī.
안녕하세요. 과일주스 한 잔 주세요.

단어 来 lái ~ 주세요 杯 bēi 잔 喝 hē 마시다 雪碧 xuěbì 스프라이트, 사이다 常温 chángwēn 상온 需要 xūyào 필요로 하다
点 diǎn 주문하다 果汁 guǒzhī 과일 주스

알쏭달쏭 궁금증! **중국인이 찬물을 안 마시는 이유**

중국인은 찬물을 마시면 건강에 해롭다고 생각하며, 뜨거운 물을 마셔야 소화가 잘 되고 배변 활동이 활발해진다고 생각합니다. 특히 중국 음식에는 기름진 음식이 많아서, 기름진 음식을 먹은 후 찬물을 마시면 탈이 날 수 있다고 여깁니다. 또한 과거 중국의 수질 상태가 좋지 않아 물을 꼭 끓여 마셔야 한다는 인식이 강해, 지금까지도 뜨거운 물을 고집하는 편입니다.

MP3-48

여기(의) ~ 유명해요

这里的~很有名

Zhèli de ~ hěn yǒumíng

Pattern

05

상대방과 자연스럽게 이야기를 이어가고 싶을 때, 맛집 이야기만큼 좋은 이야깃거리는 없는 거 같아요! 특히 요즘처럼 '마라탕(麻辣烫 málàtàng), 샤브샤브(火锅 huǒguō)' 등 중국 음식점이나 '밀크티(奶茶 nǎichá)' 등 중국 유명 음료들을 파는 카페들이 늘어나고 있을 때 내가 알고 있는 맛집을 지인에게 소개해 보세요!

패턴으로 말트기

	차(티) 茶 chá	
여기(의) 这里的 Zhèli de	버블티 珍珠奶茶 zhēnzhū nǎichá	유명해요! 很有名! hěn yǒumíng!
	치즈 밀크티 芝士奶茶 zhīshì nǎichá	

카페에서 1

这里的绿茶很有名!
Zhèli de lǜchá hěn yǒumíng!
여기 녹차가 유명해!

我上次喝过，味道一般。
Wǒ shàngcì hēguo, wèidao yìbān.
나 지난번에 마셔봤는데, 맛이 그냥 그래.

카페에서 2

你知道吗? 这里的芝士奶茶很有名。
Nǐ zhīdao ma? Zhèli de zhīshì nǎichá hěn yǒumíng.
너 알아? 여기 치즈 밀크티 유명해.

是吗? 我来尝尝。
Shì ma?
Wǒ lái chángchang.
그래? 내가 한번 맛봐볼게.

카페에 갈 때

要不去喝这家的?
Yàobù qù hē zhè jiā de?
아니면 이 가게 거 마시러 갈래?

行，我听说这里的红茶很有名。
Xíng, wǒ tīngshuō zhèli de hóngchá hěn yǒumíng.
좋아, 여기 홍차가 유명하대.

단어 **绿茶** lǜchá 녹차 **上次** shàngcì 지난번 **味道** wèidao 맛 **一般** yìbān 보통이다 **知道** zhīdao 알다 **尝** cháng 맛보다
要不 yàobù 아니면, 그렇지 않으면 **红茶** hóngchá 홍차

알쏭달쏭 궁금증! **푸얼차의 효능**

'푸얼차(普洱茶 pǔ'ěrchá)'라고 불리는 '보이차'는 중국 '윈난성(云南省 Yúnnánshěng)'에서 생산되는 차로 중국 10대 명차(名茶) 중 하나이며, 과거 황실에서 황제가 즐겨 마시던 차입니다. 지방 분해에 효과적인 갈산 성분이 들어 있어서 다이어트에 굉장히 도움이 된다고 합니다. 이 밖에도 노화를 예방하고 암세포를 억제하는 효능도 있다고 합니다.

~ 한 병 주세요

给我一瓶~

Gěi wǒ yì píng ~

Pattern 06

앞에서 음식점이나 술집에서 종업원에게 '~ 주세요'라는 표현! 바로 '来 lái'에 대해 배웠죠? 이번에는 '来' 대신 '给 gěi'를 넣어 '~ 한 병 주세요(给我一瓶~ Gěi wǒ yì píng ~)'라는 표현을 배워 볼게요. '~ 주세요'라는 '来'와 '给'는 둘 다 자주 쓰는 표현이니 익혀두면 도움이 되겠죠?

패턴으로 말트기

한 병 주세요 **给我一瓶** Gěi wǒ yì píng	맥주 **啤酒**。 píjiǔ
	소주 **烧酒**。 shāojiǔ
	바이지우 **白酒**。 báijiǔ

맥주를 주문할 때

给我一瓶啤酒，要两个杯子。
Gěi wǒ yì píng píjiǔ, yào liǎng ge bēizi.
맥주 한 병 주시고, 잔은 두 개 주세요.

好的，请稍等。
Hǎode, qǐng shāo děng.
네, 잠시만 기다려주세요.

소주를 주문할 때

这里的烧酒很有名。
Zhèli de shāojiǔ hěn yǒumíng.
여기 소주는 아주 유명해요.

好的，给我一瓶烧酒。
Hǎode, gěi wǒ yì píng shāojiǔ.
좋아요, 소주 한 병 주세요.

와인을 주문할 때

服务员，请给我一瓶红酒。
Fúwùyuán, qǐng gěi wǒ yì píng hóngjiǔ.
여기요, 와인 한 병 주세요.

你要冰块吗？
Nǐ yào bīngkuài ma?
얼음 드릴까요?

단어 瓶 píng 병　有名 yǒumíng 유명하다　服务员 fúwùyuán (서비스업의) 종업원　红酒 hóngjiǔ 와인
冰块(儿) bīngkuài(r) 조각 얼음

알쏭달쏭 궁금증! 중국 식당에선 주류 반입이 가능하다

우리나라는 출입구에 '외부 음식 및 주류 반입 금지'라는 팻말이 눈에 띄게 적혀 있을 정도로
다른 곳에서 구입한 음식이나 주류는 식당 반입을 금지시키거나 비용을 받는 반면, 중국은
식당에서의 외부 주류 반입이 허용되며, 이를 제지할 경우 신고할 수 있도록 되어있습니다.

음식 주문하기

~ 1인분(접시) 주세요

我要一份~

Wǒ yào yí fèn ~

식당에서 주문할 때 '我要一份 Wǒ yào yí fèn ~' 표현을 쓰는데요. 여러 음식을 골고루 주문하고 싶거나, 음식의 양이 많을 경우에는 중국은 '반인분'도 주문이 가능하다는 사실! 이때는 '절반, 2분의 1'이라는 의미를 담고 있는 '半 bàn'을 넣어서 '我要半份 + 원하는 메뉴'라고 말하면 돼요. 특히 이 '半份 bànfèn'이라는 표현은 메뉴가 다양한 음식점 등에서 유용하게 쓰일 수 있으니 기억해 두세요.

Pattern
07

패턴으로 말트기

~ 1인분(접시) 주세요

我要一份

Wǒ yào yí fèn

샤오롱빠오
小笼包。
xiǎolóngbāo

마라롱쌰
麻辣龙虾。
málà lóngxiā

마포더우푸
麻婆豆腐。
mápó dòufu

음식을 주문할 때 1

你要点什么?
Nǐ yào diǎn shénme?
무엇을 주문하시겠어요?

我要一份小笼包和炒面。
Wǒ yào yí fèn xiǎolóngbāo hé chǎomiàn.
샤오롱빠오와 차오미엔 1인분(접시) 주세요.

음식을 주문할 때 2

老板娘，我要一份小龙虾。
Lǎobǎnniáng, wǒ yào yí fèn xiǎolóngxiā.
(여)사장님, 샤오롱샤 1인분(접시) 주세요.

真抱歉! 小龙虾卖完了!
Zhēn bàoqiàn! Xiǎolóngxiā màiwán le!
정말 죄송합니다! 샤오롱샤가 다 팔렸어요!

음식을 주문할 때 3

我要加一份麻辣烫。
Wǒ yào jiā yí fèn málàtàng.
마라탕 1인분(접시) 추가해주세요.

好的。请稍等。
Hǎode. Qǐng shāo děng.
네. 잠시만 기다려 주세요.

단어 **份** fèn 분(양사), 접시 **炒面** chǎomiàn 차오미엔 (볶음면) **老板娘** lǎobǎnniáng 사모님, 주인 아줌마
小龙虾 xiǎolóngxiā 샤오롱샤 (가재) **抱歉** bàoqiàn 죄송합니다 **卖完** màiwán 매진되다 **加** jiā 추가하다
麻辣烫 málàtàng 마라탕

알쏭달쏭 궁금증! **샤오롱빠오 맛있게 먹는 방법**

1 접시에 간장과 식초를 1:3 비율로 적당히 섞는다.
2 젓가락으로 샤오롱빠오를 집어 초간장(간장, 식초)에 담근다.
3 샤오롱빠오를 숟가락에 올려놓는다. 젓가락으로 만두피를 살짝 찢어 속의 육즙을 먼저
   후루룩 마신다. (뜨거움 주의! / 육즙부터 마셔야 진정한 미식가)
4 샤오롱빠오에 생강채를 얹어 먹는다. (생강채는 비린내를 잡아준답니다).

~ (하)지 말아 주세요

不要~

Búyào ~

식당에서 입에 맞지 않거나 특별히 싫어하는 재료가 있다면 중국어로 빼달라고 요청하는 표현 '不要~(~ 하지 말아주세요)'를 알아두면 굉장히 도움이 되겠죠? 특히 중국 음식에는 호불호의 끝판왕이라고 할 수 있는 '香菜 xiāngcài 고수'나 '孜然 zīrán 쯔란'이 들어간 음식이 많아요. 따라서 주문할 때 미리 '~ 하지 말아주세요, ~ 빼주세요'라고 꼭 요청하세요.

패턴으로 말트기

~ (하)지 말아 주세요 **不要** Búyào	너무 달게 **太甜。** tài tián
	너무 시게 **太酸。** tài suān
	고수 넣(지) **放香菜。** fàng xiāngcài

가리는 음식을 얘기할 때

有什么忌口的吗?
Yǒu shénme jìkǒu de ma?
가리는 음식 있으신가요?

不要放香菜，谢谢。
Búyào fàng xiāngcài, xièxie.
고수 넣지 말아주세요. 감사합니다.

덜 짜게 해달라고 얘기할 때

菜不要做得太咸。
Cài búyào zuò de tài xián.
음식을 너무 짜게 하지 말아 주세요.

好的，我跟厨师说一下。
Hǎode, wǒ gēn chúshī shuō yíxià.
네, 제가 셰프님께 말씀 드릴게요.

맵게 하지 말라고 얘기할 때

这里有小孩，菜不要太辣。
Zhèli yǒu xiǎohái, cài búyào tài là.
여기 아이가 있어서요. 음식을 너무 맵지 않게 해주세요.

好的，知道了。
Hǎode, zhīdao le.
네, 알겠습니다.

단어 **忌口** jìkǒu 음식을 가리다 **菜** cài 음식, 요리 **咸** xián (맛이) 짜다 **厨师** chúshī 셰프 **辣** là 맵다

알쏭달쏭 궁금증! 중국의 '고수' vs 한국의 '깻잎'

중국에 '고수(香菜 xiāngcài)'가 있다면, 우리나라에는 '깻잎'이 있죠? 중국 사람이 향신료를 잘 먹기 때문에 깻잎도 좋아할 것 같지만 오히려 반대로 깻잎의 향을 싫어하고 못 먹는다고 합니다. 우리에겐 깻잎의 향이 친숙하듯, 중국인 역시 고수의 향이 친숙한 것 아닐까요?

~ 더 주세요

再给我~

Zài gěi wǒ ~

식당에서 추가 주문을 할 때 쓰는 표현이 바로 '再给我~(~ 더 주세요)'인데요. '~ 주세요'라는 '给我 gěi wǒ' 앞에 '더'라는 의미인 '再 zài'를 넣고, 뒤에 추가하고 싶은 메뉴를 함께 말해주면 끝! 예를 들어 '밥 한 공기 더 주세요'라고 말하고 싶다면 '再给我一碗米饭。 Zài gěi wǒ yì wǎn mǐfàn.'이라고 말하면 돼요. 추가 주문까지 할 줄 아는 당신은 진정한 중국어 고수!

패턴으로 말트기

	젓가락 한 쌍
~ 더 주세요	一双筷子。
再给我	yì shuāng kuàizi
Zài gěi wǒ	숟가락 한 개
	一个勺子。
	yí ge sháozi
	작은 그릇 한 개
	一个小碗。
	yí ge xiǎowǎn

메뉴판을 요청할 때

服务员，**再给我**一下菜单。
Fúwùyuán, zài gěi wǒ yíxià càidān.
여기요, 메뉴판 좀 다시 주세요.

您是要加菜吗？请稍等。
Nín shì yào jiā cài ma? Qǐng shāo děng.
음식을 추가하시나요? 잠시만요.

젓가락을 요청할 때

老板，**再给我**一双筷子吧。
Lǎobǎn, zài gěi wǒ yì shuāng kuàizi ba.
사장님, 젓가락 하나 더 주세요.

行，稍等一下。
Xíng, shāo děng yíxià.
네, 잠시만 기다려 주세요.

그릇을 요청할 때

服务员，这边**再给我**一个碗。
Fúwùyuán, zhèbiān zài gěi wǒ yí ge wǎn.
여기요, 여기 그릇 하나만 더 주세요.

好的，马上。
Hǎode, mǎshàng.
네, 바로 갖다 드릴게요.

단어 **再** zài 더 **菜单** càidān 메뉴(판) **老板** lǎobǎn 사장 **碗** wǎn 그릇 **马上** mǎshàng 바로, 곧

알쏭달쏭 궁금증! **중국 원형 테이블 식사 예절**

중국에서 식사를 하게 되면 흔히 볼 수 있는 원형 테이블의 원판은 시계 방향으로 돌려야 해요. 시계 반대 방향으로 돌리는 것이 더 가깝다 할지라도 꼭 시계 방향으로 돌려서 음식을 집어야 한다는 사실! 또한 가장 안쪽 중앙이 상석이기 때문에 보통 초대한 손님을 안쪽 중앙에, 대접한 사람은 출입문과 가까운 자리에 앉는다는 점, 기억하세요.

1 **什么时候开门*?**
Shénme shíhou kāimén?
*关门 guānmén 문을 닫다

언제 문을 여나요?

2 **你们这里能预约吗?**
Nǐmen zhèli néng yùyuē ma?

여기 예약 가능한가요?

3 **在这儿吃。**
Zài zhèr chī.

여기서 먹을 거예요.

4 **要带走。**
Yào dàizǒu.

테이크아웃할 거예요.

5 **要冰的。**
Yào bīngde.

차가운 걸로 주세요.

6 **要小杯*。**
Yào xiǎobēi.
*中杯 zhōngbēi 중간 사이즈 / 大杯 dàbēi 큰 사이즈

작은 사이즈로 주세요.

7 **干杯!**
Gānbēi!

건배!

8 **有开瓶器吗?**
Yǒu kāipíngqì ma?

병따개 있나요?

9 **有图片菜单吗?**
Yǒu túpiàn càidān ma?

그림 메뉴판 있나요?

10 **这里的招牌菜是什么?**
Zhèli de zhāopáicài shì shénme?

이곳의 대표 요리가 뭐죠?

11 **来一罐雪碧。**
Lái yí guàn xuěbì.

스프라이트 한 캔 주세요.

12 **给我一点冰块。**
Gěi wǒ yìdiǎn bīngkuài.

얼음 좀 주세요.

13 **有冰水吗?**
Yǒu bīngshuǐ ma?

얼음물 있나요?

14 **我们的菜怎么还没上?**
Wǒmen de cài zěnme háiméi shàng?

요리가 왜 아직도 안 나오죠?

15 **你看看，这是什么?**
Nǐ kànkan, zhè shì shénme?

이것 좀 보세요. 이게 뭐죠?

16 **再给我重新做一份吧。**
Zài gěi wǒ chóngxīn zuò yí fèn ba.

다시 만들어주세요.

17 **老板，要一碗米饭。**
Lǎobǎn, yào yì wǎn mǐfàn.

사장님, 공깃밥 하나 주세요.

18 **老板娘，菜都上齐了吗?**
Lǎobǎnniáng, cài dōu shàng qí le ma?

(여)사장님, 음식 다 나온 건가요?

우리말에 알맞은 중국어를 말해보고 써보세요.

1   자리 있나요? 저희는 2명이에요.

    _____ 。

2   저는 햄버거 먹을 거예요.

    _____ 。

3   아이스 아메리카노 한 잔 주세요.

    _____ 。

4   과일주스 한 잔 주세요.

    _____ 。

5   맥주 한 병 주시고, 잔은 2개 주세요.

    _____ 。

6   샤오롱빠오 1인분(접시) 주세요.

    _____ 。

7   여기 홍차가 유명하대요.

    _____ 。

8 고수 넣지 말아주세요.

🎤 _____ 。

9 젓가락 하나 더 주세요.

🎤 _____ 。

10 여기요, 테이블 좀 닦아주시겠어요?

🎤 _____ 。

11 여기요, 계산해주세요.

🎤 _____ 。

12 여기요, 우리 음식이 왜 아직도 안 나오는 거죠?

🎤 _____ ?

Answer			
1	有位子吗？我们是两个人。	7	听说这里的红茶很有名。
2	我要吃汉堡。	8	不要放香菜。
3	来一杯冰美式咖啡。	9	再给我一双筷子。
4	来一杯果汁。	10	服务员，擦一下桌子好吗？
5	给我一瓶啤酒，要两个杯子。	11	服务员，买单。
6	我要一份小笼包。	12	服务员，我们的菜怎么还没上啊？

중국의 국민 맛집 어플 '메이투안 美团'

메이투안

사용도 ☆☆☆☆
편리성 ☆☆☆☆
정보성 ☆☆☆

다중디엔핑 大众点评, 어러머 饿了么 등 다양한 맛집 어플이 있는데, 그 중에서도 메이투안 美团 어플을 소개해드리려고 합니다.

★ **사용 방법:**

① 구글 플레이스토어/앱 스토어에서 '美团' 또는 'meituan' 또는 '메이투안'이라고 검색하여 앱을 설치한다.

② 어플 첫 페이지 왼쪽 상단에서 지역을 선택한다. (GPS를 켜 놓으면 자동으로 현재 위치로 설정 됩니다)

③ '美食(měishí 맛집)'를 클릭하면 인기순으로 정렬되어 보여줌.

美团-团购美食电影KTV
厦门三快在线科技有限公司

라이프스타일

설치

3.7 ★
리뷰 6천개

100만 이상
다운로드

⑫
만 12세 이상 ①

미식가 영화 테이크 아웃, 음료, 음료 및 모든

④ 앱 안에 정말 방대한 분야의 섹션이 나누어져 있는데, 맛집 외에도, 영화/공연(电影 diànyǐng/演出 yǎnchū), 술집/숙박(酒店 jiǔdiàn/住宿 zhùsù), 배달음식(外卖 wàimài), 뷰티/헤어(丽人 lìrén/美发 měifà) 등도 모두 검색이 가능합니다.(당연히 서울도 검색 됨) 중국인들이 한국에 와서, 이 어플을 통해 서울 맛집을 찾는 모습을 볼 수 있답니다!

⑤ 별표는 몇 개이며, 몇 명이 평가를 했고, 1인당 평균 가격까지 제시됩니다. 그리고 마음에 드는 음식점을 클릭하시면 영업시간, 메뉴, 좌석 예약, 배달 가능 여부 등까지 모두 확인이 가능하며, 음식평도 볼 수 있어서 메뉴 고르기가 정말 쉽답니다!

⑥ 가장 놀라운 사실은 중국 뿐만 아니라 해외 맛집, 관광명소, 술집, 숙박, 쇼핑몰, 비행기 티켓 정보 등도 제공하고 있다는 사실!

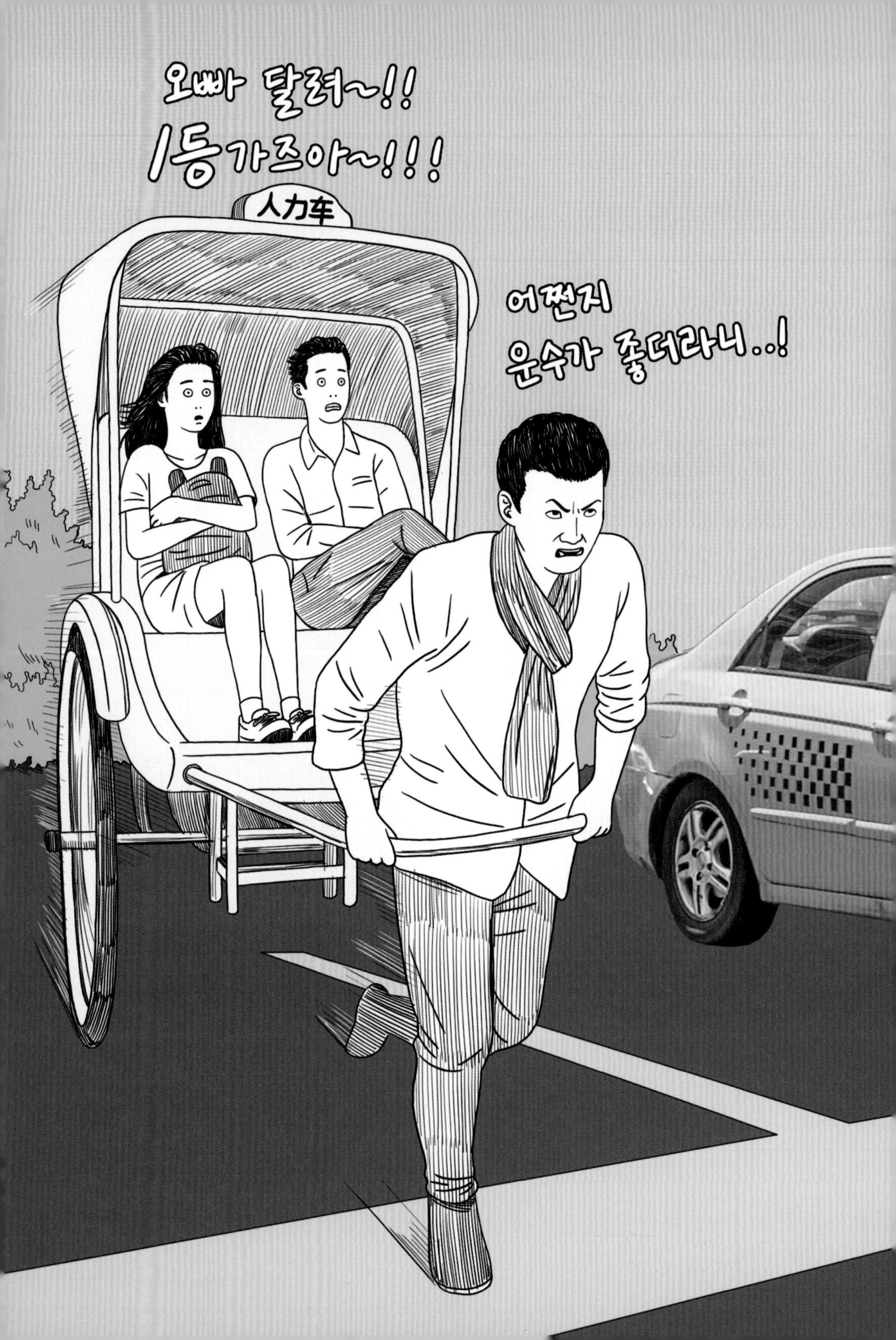
오빠 달려~!!
1등 가즈아~!!!
人力车
어쩐지
운수가 좋더라니..!

첨지 형님 ??

Chapter **6**

교통, 거리

MP3-54

어디서 ~ 할 수 있나요?

哪里可以~?

Nǎli kěyǐ ~ ?

Pattern

01

'可以 kěyǐ'는 동사 앞에서 조동사로 쓰일 때 두 가지 의미가 있어요. 먼저 허락과 동의를 나타내는 '~ 해도 된다'라는 의미와 가능과 능력을 나타내는 '~ 할 수 있다'라는 의미예요. 여기에서는 후자의 의미로 쓰였어요. '可以' 앞에 장소를 묻는 의문대명사 '哪里 nǎli'를 붙여 '哪里可以~?'라고 물으면 '어디서 ~ 할 수 있어요?'라는 의미가 돼요. 예를 들어 '어디서 환전할 수 있어요?(哪里可以换钱? Nǎli kěyǐ huànqián?)'의 문장처럼 장소의 위치를 물을 때 사용한답니다.

패턴으로 말트기

	짐을 보관할 수 있나요? **寄存行李?** jìcún xíngli?
어디서 **哪里可以** Nǎli kěyǐ	무료 인터넷을 사용할 수 있나요? **用到免费网络?** yòngdào miǎnfèi wǎngluò?
	ATM기를 찾을 수 있나요? **找到自动取款机?** zhǎodào zìdòng qǔkuǎnjī?

환전소를 찾을 때

哪里可以兑换外币?
Nǎli kěyǐ duìhuàn wàibì?
어디서 환전할 수 있나요?

我也不太清楚。去咨询处问问吧。
Wǒ yě bútài qīngchu. Qù zīxúnchù wènwen ba.
저도 잘 모르겠네요. 안내소에 가서 물어보세요.

휴대폰 수리점을 찾을 때

这附近哪里可以修手机屏幕?
Zhè fùjìn nǎli kěyǐ xiū shǒujī píngmù?
이 근처에 어디서 휴대폰 액정을 고칠 수 있나요?

马路对面有维修店。
Mǎlù duìmiàn yǒu wéixiūdiàn.
큰길 맞은편에 수리점이 있어요.

ATM 기기를 찾을 때

请问，哪里可以找到自动取款机?
Qǐngwèn, nǎli kěyǐ zhǎodào zìdòng qǔkuǎnjī?
실례지만, 어디서 ATM 기기를 찾을 수 있나요?

一般百货商店里都有。
Yìbān bǎihuò shāngdiàn li dōu yǒu.
보통 백화점 안에 다 있어요.

단어 **寄存** jìcún 보관시키다 **行李** xíngli (여행)짐 **免费网络** miǎnfèi wǎngluò 무료 인터넷
自动取款机 zìdòng qǔkuǎnjī ATM, 현금자동인출기 **兑换** duìhuàn 현금과 바꾸다 **外币** wàibì 외화 **清楚** qīngchu 분명하다
咨询处 zīxúnchù 안내소 **修** xiū 수리하다 **屏幕** píngmù 액정 **维修店** wéixiūdiàn 수리점
百货商店 bǎihuò shāngdiàn 백화점

알쏭달쏭 궁금증! 중국의 스마트한 결제 방법!

지금 중국 국민의 대부분이 '위챗페이(微信支付 Wēixìn zhīfù)'와 '알리페이(支付宝 Zhīfùbǎo)'의 QR코드를 이용하여 쇼핑, 교통, 배달 음식을 비롯해 월세나 수도, 전기세 등을 결제하고 있습니다. 스마트폰으로 QR코드만 찍으면 결제가 되어, 간편할 뿐 아니라 번거롭게 현금을 챙기지 않아도 되고, 신용카드의 분실 걱정이나 위조지폐에 불안해하지 않아도 된다는 장점이 있습니다.

~ 타면 ~ (으)로 갈 수 있나요?

坐~能到~吗?

Zuò ~ néng dào ~ ma?

기마자세와 비슷하게 타는 교통수단은 '骑'를 사용하지만 택시, 지하철, 기차, 비행기 등은 '坐'를 사용하니 서로 혼동하지 마세요! 어떠한 교통수단을 이용해야 목적지에 도착할 수 있는지를 물을 때는 '坐 ~能到~吗? (~ 타면 ~ 로 갈 수 있어요?)'라고 말해요. 예를 들어 '1호선 타면 왕푸징으로 갈 수 있나요?'라고 말할 때는 '坐1号线能到王府井吗? Zuò yī hàoxiàn néng dào Wángfǔjǐng ma?'라고 하면 됩니다.

패턴으로 말트기

타면		갈 수		있나요?
	7번을 **7路** qī lù		기차역으로 **火车站** huǒchēzhàn	
坐 Zuò	공항 리무진버스를 **机场巴士** jīchǎngbāshì	**能到** néng dào	이 호텔로 **这个酒店** zhège jiǔdiàn	**吗?** ma?
	고속버스를 **高速大巴** gāosùdàbā		쑤저우로 **苏州** Sūzhōu	

목적지까지 가는지 물을 때 1

坐260路能到新天地吗?
Zuò èr liù líng lù néng dào Xīntiāndì ma?
260번 타면 신톈디로 갈 수 있나요?

可以的，坐5站就到了。
Kěyǐ de, zuò wǔ zhàn jiù dào le.
네, 5정거장만 가면 도착해요.

목적지까지 가는지 물을 때 2

坐71路能到中山公园吗?
Zuò qīshí yī lù néng dào
Zhōngshān gōngyuán ma?
71번 타면 쭝산궁위안으로 갈 수 있나요?

可以，坐到终点站就是了。
Kěyǐ, zuò dào zhōngdiǎnzhàn
jiùshì le.
네, 종점까지 가면 돼요.

목적지까지 가는지 물을 때 3

请问，坐公交车能到火车站吗?
Qǐngwèn, zuò gōngjiāochē néng dào huǒchēzhàn ma?
실례지만, 버스 타면 기차역으로 갈 수 있나요?

可以，没问题。
Kěyǐ, méi wèntí.
네, 문제 없어요.

단어 路 lù (운수 기관 따위의) 노선　苏州 Sūzhōu 쑤저우(지명)　新天地 Xīntiāndì 신톈디, 신천지 (상하이 관광지)
中山公园 Zhōngshān gōngyuán 쭝산궁위안, 중산공원 (베이징 관광지)　终点站 zhōngdiǎnzhàn 종점
公交车 gōngjiāochē 버스

알쏭달쏭 궁금증! **버스 번호 읽는 방법**

중국에서는 버스 번호가 자릿수에 따라 읽는 방법이 달라지니 아래를 참고하세요!

7번 버스 七路车 qī lù chē	71번 버스 七十一路车 qī shí yī lù chē
702번 버스 七零二路车 qī líng èr lù chē	710번 버스 七幺零路车 qī yāo líng lù chē

지하철 타기

MP3-56

~ 어디에 있어요?

~在哪里?

~ zài nǎli?

Pattern 03

'在哪里?'는 '~ 어디에 있어요?'라는 의미로 장소/위치를 묻는 표현
이며, '장소 + 在哪里?' 형태로 쓰여요. '在哪里?' 대신 '在哪儿?
zài nǎr?'이라고 물어도 됩니다. 한편 여기에서 쓰인 '在'는 '~ 에 있
다'라는 의미로 동사 용법으로 쓰였으며, 사람이나 사물의 존재 유무
를 나타내는 표현이에요. 이제는 여행 가서 길을 잃었거나 길을 찾지
못할 때 당황하지 말고 자신 있게 물어보세요!

패턴으로 말트기

2호선 **2号线** Èr hào xiàn	
화장실 **洗手间** Xǐshǒujiān	어디에 있어요? **在哪里?** zài nǎli?
10번 출구 **10号出口** Shí hào chūkǒu	

화장실을 물어볼 때

请问，洗手间在哪里?
Qǐngwèn, xǐshǒujiān zài nǎli?
실례지만, 화장실은 어디에 있어요?

一直往前走就是了。
Yìzhí wǎng qián zǒu jiùshì le.
앞으로 쭉 가시면 돼요.

출구를 물어볼 때

请问，5号出口在哪里?
Qǐngwèn, wǔ hào chūkǒu zài nǎli?
실례지만, 5번 출구는 어디에 있어요?

往右边走上去就是了。
Wǎng yòubian zǒu shàngqù jiùshì le.
오른쪽으로 올라가시면 돼요.

환승역을 물어볼 때

请问，3号线在哪里? 我要换乘。
Qǐngwèn, sān hào xiàn zài nǎli?
Wǒ yào huànchéng.
실례지만, 3호선은 어디에 있어요? 환승하려고요.

往前走就能看到指示牌了。
Wǎng qián zǒu jiù néng kàn dào
zhǐshìpái le.
직진하시면 표지판이 보여요.

단어 **一直** yìzhí 똑바로, 곧바로 **往** wǎng ~ 쪽으로 **右边** yòubian 오른쪽 **上去** shàngqù 올라가다 **换乘** huànchéng 환승하다
指示牌 zhǐshìpái 표지판

알쏭달쏭 궁금증! 지하철을 타려면 보안검색대를 통과해야 한다.

중국에서는 지하철을 이용할 때마다 보안 검색대를 반드시 통과해야 합니다! 중국으로 처음 여행을 갔던 분들은 이 광경을 보고 적지 않게 당황하시곤 하는데요! 이는 테러 방지를 위함 입니다. 중국에선 지하철역은 물론, 기차역, 버스터미널에도 보안검색대가 설치되어 있어 이용객이 많은 시간대에는 검색대 대기 시간이 상당히 소요되기도 합니다.

택시 타기

~ (으)로 가주세요
请到~
qǐng dào ~

Pattern

04

택시를 타고 목적지를 말하는 표현에 대해 배워볼게요. 가고자 하는 목적지 앞에 '请到 qǐng dào'만 붙여주세요! 목적지를 이야기하는 것도 좋지만, 중국어 주소를 보여주면서 주소지로 가달라고 요청하는 것도 좋은 방법이랍니다. 앞에 '请'을 빼고 '到 + 목적지'라고 말해도 '~ 로 가주세요'라는 표현이 돼요. 택시 기사님께서 '어디로 가시나요?(你去哪里? Nǐ qù nǎli?)'라고 물으면, 자신 있게 '请到~'라고 말하세요!

패턴으로 말트기

~ (으)로 가주세요 **请到** Qǐng dào	위위안 **豫园。** Yùyuán
	시후 **西湖。** Xīhú
	톈안먼 **天安门。** Tiān'ānmén

134 YBM 보이는 중국어 회화

목적지로 가달라고 말할 때 1

师傅，请到清华大学，谢谢。
Shīfu, qǐng dào Qīnghuá dàxué, xièxie.

기사님, 칭화따쉐로 가주세요. 감사합니다.

好的。不过现在有点堵车。
Hǎode. Búguò xiànzài yǒudiǎn dǔchē.

네, 그런데 지금 조금 차가 막혀요.

목적지로 가달라고 말할 때 2

麻烦您请到机场。
Máfan nín qǐng dào jīchǎng.

번거롭게 해서 죄송하지만, 공항으로 가주세요.

到机场是吧？好的。
Dào jīchǎng shì ba? Hǎode.

공항 맞죠? 네.

목적지로 가달라고 말할 때 3

师傅，请到故宫。
Shīfu, qǐng dào Gùgōng.

기사님, 꾸공으로 가주세요.

你想怎么走？跟着导航走吗？
Nǐ xiǎng zěnme zǒu? Gēnzhe dǎoháng zǒu ma?

어떻게 갈까요? 내비게이션대로 갈까요?

단어 豫园 Yùyuán 위위안, 예원 (상하이 관광지) 西湖 Xīhú 시후, 서후 (저장성 항저우에 있는 유명한 호수)
天安门 Tiān'ānmén 텐안먼, 천안문 清华大学 Qīnghuá dàxué 칭화따쉐 (청화대학교) 不过 búguò 그런데
现在 xiànzài 지금 堵车 dǔchē 차가 막히다 故宫 Gùgōng 꾸공, 고궁 (자금성) 跟着 gēnzhe 따라가다
导航 dǎoháng 내비게이션

알쏭달쏭 궁금증! 지역마다 색깔이 다른 중국 택시

베이징의 택시는 색깔이 각양각색이지만 택시마다 공통점이 있습니다. 바로 중간에 황금색의 줄이 둘러져 있는데 이것은 황제의 도시라는 의미로, 황금을 둘렀다는 뜻입니다. 중국 택시 번호는 성(省), 시(市), 자치구(区)를 대표하는 글자 하나와 합법 택시에 부여되는 알파벳 B, 그리고 숫자 5자리(또는 알파벳+숫자 4자리) 조합으로 이루어져 있습니다.

貴 陽 北 站
GUIYANGBEI RAILWAY STATION

기차 타기

 MP3-58

~ 있나요?

有~吗?

Yǒu ~ ma?

Pattern

05

중국 기차는 좌석 타입 별로 '硬座 yìngzuò 등받이를 조절할 수 없는 딱딱한 의자, 软座 ruǎnzuò 등받이를 조절할 수 있는 푹신한 의자, 硬卧 yìngwò 딱딱한 침대석(1층 下铺 xiàpù, 2층 中铺 zhōngpù, 3층 上铺 shàngpù로 나뉨), 软卧 ruǎnwò 4인 1실의 푹신한 침대석'으로 구분되어 있으니, 표를 살 때 참고하세요.

패턴으로 말트기

있나 **有** Yǒu	일반석 **硬座** yìngzuò	~ 요? **吗?** ma?
	푹신한 좌석 **软座** ruǎnzuò	
	푹신한 침대석 **软卧** ruǎnwò	

일등석을 구매할 때

 请问，有一等座吗?
Qǐngwèn, yǒu yīděngzuò ma?
실례지만, 일등석 있나요?

都卖完了，只剩站票了。
Dōu màiwán le, zhǐ shèng zhànpiào le.
매진이에요, 입석표만 남았어요.

이등석을 구매할 때

 不好意思，有二等座吗?
Bù hǎoyìsi, yǒu èrděngzuò ma?
죄송하지만, 이등석 있나요?

有的，要几张?
Yǒude, yào jǐ zhāng?
있습니다. 몇 장 드릴까요?

비즈니스석을 구매할 때

 我要去北京，有商务座吗?
Wǒ yào qù Běijīng, yǒu shāngwù zuò ma?
베이징에 가려고 하는데, 비즈니스석 있나요?

有，给我看一下护照。
Yǒu, gěi wǒ kàn yíxià hùzhào.
있습니다. 여권 좀 보여주세요.

단어 **一等座** yīděngzuò 일등석 **只剩** zhǐshèng 다만[오로지] ~ 만이 남다 **站票** zhànpiào 입석표 **二等座** èrděngzuò 이등석
北京 Běijīng 베이징 (북경) **商务座** shāngwù zuò 비즈니스석

알쏭달쏭 궁금증! **중국 기차표 보는 방법!**

중국 기차표를 보면 상단 정중앙에 적힌 영문과 숫자 조합(G7503)은 '열차 번호'를 뜻하고, 우측 상단 '检票(口) jiǎnpiào(kǒu)' 옆에 적힌 숫자는 '게이트'를 의미합니다. 그리고 가운데 우측에 적힌 '1车07C号'은 1번 차 7C 자리, 즉 좌석을 의미입니다. 이 밖에도 '限乘当日当次车'는 '당일 해당 열차만 유효'하다는 의미입니다.

~ 자리로 주세요

我要~座位

Wǒ yào ~ zuòwei

비행기를 탈 때 가장 고민되는 것이 바로 '좌석'일텐데요. 창가 쪽 (靠窗的 kào chuāng de) 자리를 선호하는 승객, 통로 쪽(靠过道的 kào guòdào de) 자리를 고집하는 승객, 앞줄(前排 qiánpái)을 원하는 승객 등 저마다 선호하는 좌석이 매우 다양한 것 같아요. 티켓팅할 때 항공사 직원에게 '~ 자리 주세요(我要~座位)'라고 중국어로 말해보세요.

패턴으로 말트기

	앞줄 **前排** qiánpái	
주세요 **我要** Wǒ yào	통로 쪽 **靠过道的** kào guòdào de	자리로 **座位。** zuòwei
	창가 쪽 **靠窗的** kào chuāng de	

바로 써먹는 회화

창가자리 요청하기

请问，你要哪边的座位？
Qǐngwèn, nǐ yào nǎbiān de zuòwei?
실례지만, 어느 자리로 하시겠어요?

我要靠窗的座位，谢谢。
Wǒ yào kào chuāng de zuòwei, xièxie.
창가 쪽 자리로 주세요, 감사합니다.

앞자리 요청하기

能换一下位子吗？我要前排的座位。
Néng huàn yíxià wèizi ma?
Wǒ yào qiánpái de zuòwei.
자리 바꿀 수 있나요? 앞줄 자리로 주세요.

不好意思，前排坐满了。
Bù hǎoyìsi, qiánpái zuòmǎn le.
죄송합니다만, 앞줄은 꽉 찼습니다.

비즈니스석 요청하기

我要商务舱的座位。
Wǒ yào shāngwùcāng de zuòwei.
비즈니스석으로 주세요.

不好意思，商务舱没有座位了。
Bù hǎoyìsi, shāngwùcāng méiyǒu zuòwei le.
죄송합니다. 비즈니스석은 자리가 없습니다.

단어 座位 zuòwei 자리, 좌석　靠 kào ~ 쪽 가까이　过道 guòdào 통로, 복도　窗 chuāng 창문　换 huàn 바꾸다
位子 wèizi 자리, 좌석　满 mǎn 가득하다　商务舱 shāngwùcāng 비즈니스석

알쏭달쏭 궁금증! 坐位와 座位의 차이

'坐位'와 '座位'는 모두 '자리, 좌석'이라는 의미로 한글 번역은 같지만, 의미에는 약간의 차이가 있습니다. '坐位'는 '지정된 자리, 좌석'을 뜻하며, 예를 들어 비행기 지정 좌석, 영화관 지정 좌석 등을 의미합니다. 반면 '座位'는 '사람이 앉을 수 있는 자리, 좌석'을 뜻하며, 지정되지 않은 일반적인 버스나 지하철의 자리를 의미합니다. 하지만 실제로 사용할 때는 '坐位'와 '座位'를 서로 구분 짓지 않고, 자유롭게 쓰는 편입니다.

길 물어보기

실례지만 ~ 어떻게 가나요?

请问~怎么走?

Qǐngwèn ~ zěnme zǒu?

'怎么走? zěnme zǒu?'는 '어떻게 가나요?'라는 의미로 '어떻게 (그 곳까지) 걸어서 가느냐'는 뜻으로 목적지까지의 이동 경로를 물을 때 사용해요. 한편 이와 비슷한 표현인 '怎么去? zěnme qù?'는 '어떤 방식으로 이동하는 지'를 묻는 것으로 무엇을 타고 가는지, 목적지까지의 이동(교통) 수단을 물을 때 사용해요! 비슷한 듯 미묘하게 다른 이 두 표현을 모두 익혀두면 도움이 되겠죠?

Pattern
07

패턴으로 말트기

실례지만 **请问,** Qǐngwèn	기차역 **火车站** huǒchēzhàn	어떻게 가나요? **怎么走?** zěnme zǒu?
	베이징따쉐 **北京大学** Běijīng dàxué	
	난징똥루 **南京东路** Nánjīng dōnglù	

길 물어볼 때 1

请问，豫园怎么走?
Qǐngwèn, Yùyuán zěnme zǒu?
실례지만, 위위안은 어떻게 가나요?

走的话太远了，我建议你打的。
Zǒu de huà tài yuǎn le, wǒ jiànyì nǐ dǎdī.
걸어서 가기에는 너무 멀어요, 택시 타는 것을 권해요.

길 물어볼 때 2

请问，陆家嘴站怎么走?
Qǐngwèn, Lùjiāzuǐ zhàn zěnme zǒu?
실례지만, 루자쭈이짠 어떻게 가나요?

前面路口右拐就到。
Qiánmiàn lùkǒu yòu guǎi jiù dào.
앞쪽 길목에서 오른쪽으로 돌면 돼요.

길 물어볼 때 3

请问，大韩民国临时政府怎么走?
Qǐngwèn, Dàhánmínguó línshí zhèngfǔ zěnme zǒu?
실례지만, 대한민국 임시정부는 어떻게 가나요?

10号出口出去左拐就行。
Shí hào chūkǒu chūqù zuǒ guǎi jiù xíng.
10번 출구로 나가서 왼쪽으로 돌면 돼요.

단어　北京大学 Běijīng dàxué 베이징따쉐 (베이징대학교) 南京东路 Nánjīng dōnglù 난징똥루. 남경동로(상하이 유명 쇼핑거리)
　　　的话 dehuà ~ 한다면 远 yuǎn 멀다 建议 jiànyì 제안하다 打的 dǎdī 택시를 타다
　　　陆家嘴站 Lùjiāzuǐzhàn 루자쭈이짠 (상하이에 있는 역 이름) 路口 lùkǒu 길목 右 yòu 오른쪽 拐 guǎi 꺾어 돌다
　　　临时政府 línshí zhèngfǔ 임시정부 出去 chūqù 나가다 左 zuǒ 왼쪽

알쏭달쏭 궁금증! **出租车와 打的의 차이**

중국어로 '택시'를 '出租车 chūzūchē' 또는 '的士 dīshì'라고 하며, '택시를 (잡아)타다'는 '坐出租车 zuò chūzūchē' 또
는 '打的 dǎdī'라고 합니다. '打的'는 회화체 표현으로 '坐出租车'보다 실생활에서 훨씬 많이 사용합니다. 한편 '的士'와
'打的'의 '的'는 더(de)가 아닌 'dī'라고 발음해야 한다는 사실! 꼭 기억하세요.

1 去~坐什么好呢?
Qù ~ zuò shénme hǎo ne?

~ 가려면 무엇을 타고 가는 게 낫나요?

2 两个人。
Liǎng ge rén.

두 명이에요.

3 到了请跟我说一声。
Dàole qǐng gēn wǒ shuō yì shēng.

도착하면 알려주세요.

4 末班车是几点?
Mòbānchē shì jǐ diǎn?

막차는 몇 시에요?

5 ~是几号出口?
~ shì jǐ hào chūkǒu?

~ 는 몇 번 출구인가요?

6 我要充交通卡。
Wǒ yào chōng jiāotōngkǎ.

교통카드를 충전하려고 해요.

7 我不会用自动售票机。
Wǒ búhuì yòng zìdòng shòupiàojī.

표 자동판매기를 사용할 줄 몰라요.

8 靠边停吧。
Kàobiān tíng ba.

옆에 세워주세요.

9 我要发票。
Wǒ yào fāpiào.

영수증 주세요.

10 从这里到~需要多久?
Cóng zhèli dào ~ xūyào duō jiǔ?

여기서 ~ 까지 얼마나 걸리나요?

11 我有点急，能开快一点吗?
Wǒ yǒudiǎn jí, néng kāi kuài
yìdiǎn ma?

제가 급해서요. 빨리 좀 가주시겠어요?

12 最快的票是几点的?
Zuì kuài de piào shì jǐ diǎn de?

제일 빠른 표는 몇 시인가요?

13 能安排坐一起吗?
Néng ānpái zuò yìqǐ ma?

같이 앉을 수 있게 해주시겠어요?

14 这个不要托运。
Zhège búyào tuōyùn.

이거는 안 부치려고요.

15 给我一条毯子。
Gěi wǒ yì tiáo tǎnzi.

담요 한 장 주세요.

16 能借一下笔吗?
Néng jiè yíxià bǐ ma?

펜 좀 빌릴 수 있을까요?

17 能带路吗?
Néng dàilù ma?

데려다주실 수 있나요?

18 走着去远吗?
Zǒu zhe qù yuǎn ma?

걸어서 가면 먼가요?

우리말에 알맞은 중국어를 말해보고 써보세요.

1   어디서 짐을 보관할 수 있나요?

    🎙 _____ ?

2   어디서 ATM 기기를 찾을 수 있나요?

    🎙 _____ ?

3   공항 리무진버스를 타면 이 호텔로 갈 수 있나요?

    🎙 _____ ?

4   버스 타면 기차역으로 갈 수 있나요?

    🎙 _____ ?

5   10번 출구 어디에 있어요?

    🎙 _____ ?

6   3호선은 어디에 있어요? 환승하려고요.

    🎙 _____ 。

7   번거롭게 해서 죄송하지만 공항으로 가주세요.

    🔊 _____ 。

8 푹신한 침대석 있나요?

🎤 _____ ?

9 제가 베이징에 가려고 하는데, 비즈니스석 있나요?

🎤 _____ ?

10 저는 통로 쪽 자리로 주세요.

🎤 _____ 。

11 저는 창가 쪽 자리로 주세요, 감사합니다.

🎤 _____ 。

12 실례지만, 위위안(예원)은 어떻게 가나요?

🎤 _____ ?

Answer				
1	哪里可以寄存行李?		**7**	麻烦您请到机场。
2	哪里可以找到自动取款机?		**8**	有软卧吗?
3	坐机场巴士能到这个酒店吗?		**9**	我要去北京，有商务座吗?
4	坐公交车能到火车站吗?		**10**	我要靠过道的座位。
5	10号出口在哪里?		**11**	我要靠窗的座位，谢谢。
6	3号线在哪里? 我要换乘。		**12**	请问，豫园怎么走?

QR코드로 대중교통 이용하기

1) 지하철 타기

중국은 지역마다 지하철 전용 앱이 있는데, 베이징의
경우는 '이통싱(亿通行)' 앱을 다운로드합니다. 간단
한 정보 입력 후 모바일 결제 시스템과 연동을 한 후
출발역과 도착역을 지정해주면 QR코드가 생성이 되
는데요. 이 QR코드를 지하철 개찰구에 가져다 댄 뒤,
스캔하면 요금이 결제됩니다. 亿通行 앱은 알리페이
(Alipay 支付宝)나 위챗페이(Wechat pay 微信支付)
같은 모바일 결제 시스템과 연동하여 자동 결제가 되
는 시스템입니다.

사용도 ★★★
편리성 ★★★
정보성 ★★★

2) 버스 타기

승차하면, '교통카드'를 찍는 부분과
'QR코드를 스캔'하는 2가지 장치가
함께 설치되어 있는 것을 볼 수 있어
요. 상단의 '扫描二维码(QR코드 스
캔)' 부분에 QR코드를 갖다 대면 요
금이 자동 결제됩니다.

★ 사용방법

① 알리페이 앱을 열어, '付钱(지불)'을 클릭한다

② 하단에 '乘车码(승차QR코드)'를 선택한다

③ '乘车码(승차QR코드)'를 '扫码付款区(QR코드 리더기 부분)'에 맞춰서 스캔하면 지불 완료!
(알리페이나 위챗페이는 일반 카드 결제와 다르게, 앱 내 본인 계정에 등록된 카드 또는 충전
금을 선택해 결제를 진행하는 방식)

3) 공유 자전거

고유 QR코드가 붙어 있어서 QR코드를 스캔하
면 바로 자물쇠가 풀리고 자전거를 대여할 수
있는 초간편 시스템입니다.

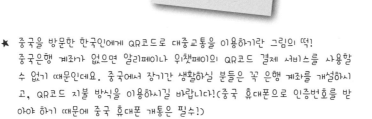

★ 중국을 방문한 한국인에게 QR코드로 대중교통을 이용하기란 그림의 떡!
중국은행 계좌가 없으면 알리페이나 위챗페이의 QR코드 결제 서비스를 사용할
수 없기 때문인데요. 중국에서 장기간 생활하실 분들은 꼭 은행 계좌를 개설하시
고, QR코드 지불 방식을 이용하시길 바랍니다!(중국 휴대폰으로 인증번호를 받
아야 하기 때문에 중국 휴대폰 개통은 필수!)

아주
잘 어울리십닙...

MP3-62

이 ~ 얼마예요?

这~多少钱?

Zhè ~ duōshao qián?

Pattern

01

'얼마예요?'는 모두가 알다시피 '多少钱? Duōshao qián?'이라고 하는데 중국인 대부분은 화폐 단위를 말할 때 마지막에 붙는 화폐 단위를 생략합니다. 예를 들어 가격이 '180위안'이라고 가정했을 때, '一百八十元 yì bǎi bāshí yuán'이 아닌 '一百八 yì bi bā'라고 짧게 대답한다는 사실 꼭 기억하세요!

패턴으로 말트기

이		얼마예요?
	가방 **包** bāo	
这 Zhè	신발 **鞋(子)** xié(zi)	**多少钱?** duōshao qián?
	지갑 **钱包** qiánbāo	

치파오를 살 때

你好，这旗袍多少钱?
Nǐ hǎo, zhè qípáo duōshao qián?

안녕하세요. 이 치파오 얼마예요?

我们正在打8折，打完折七百。
Wǒmen zhèngzài dǎ bā zhé, dǎwán zhé qī bǎi.

마침 20% 할인하고 있습니다. 할인해서 700위안이에요.

구두를 살 때

这皮鞋多少钱? 打折吗?
Zhè píxié duōshao qián? Dǎzhé ma?

이 구두 얼마예요? 할인되나요?

最近不打，是两千三。
Zuìjìn bù dǎ, shì liǎng qiān sān.

요즘은 할인을 하지 않습니다. 2300위안이에요.

진주 목걸이를 살 때

这珍珠项链多少钱?
Zhè zhēnzhū xiàngliàn duōshao qián?

이 진주 목걸이 얼마예요?

是一百二，不过现在断货了。
Shì yìbǎi èr, búguò xiànzài duànhuò le.

120위안인데, 현재 품절입니다.

단어 旗袍(儿) qípáo(r) 치파오 (중국 전통의상) 正在 zhèngzài 마침 打折 dǎzhé 할인하다 皮鞋 píxié 가죽 구두
最近 zuìjìn 요즘 珍珠项链 zhēnzhū xiàngliàn 진주 목걸이 断货 duànhuò 품절되다

알쏭달쏭 궁금증! 헷갈리는 二과 两

일반적으로 '양사' 앞에는 '二 èr'이 아닌, '两 liǎng'을 사용합니다. 이 밖에도 십 단위를 나타낼 때는 '二'을 사용하고, 백 단위를 나타낼 때는 '二'과 '两'을 혼용하며, 천 단위 이상을 표현할 때는 '两'을 사용합니다.
예 两本书 liǎng běn shū 책 두 권, 两件衣服 liǎng jiàn yīfu 옷 두 벌
예 20 二十 èr shí, 220 两百二 liǎng bǎi èr, 2002 两千零二 liǎng qiān líng èr

마트에서 장보기

~ 어디서 팔아요?

~在哪儿卖?

~ zài nǎr mài?

Pattern 02

'在哪儿卖?'는 '어디서 팔아요?'라는 의미로 '在哪儿卖?' 앞에 '구매하려는 물품'을 넣어서 '구매하려는 물품 + 在哪儿卖?'라고 질문하면 된답니다! 예를 들어 在哪儿吃? zài nǎr chī? 어디서 먹어요?, 在哪儿买? zài nǎr mǎi? 어디서 사요? 등 '卖' 자리에 여러 동사를 넣어서 다양하게 활용해 보세요!

패턴으로 말트기

우유 **牛奶** Niúnǎi	
샴푸 **洗发露** Xǐfàlù	어디서 팔아요? **在哪儿卖?** zài nǎr mài?
바디 워시 **沐浴露** Mùyùlù	

마트에서 1

这个牙膏在哪儿卖啊?
Zhège yágāo zài nǎr mài a?
이 치약은 어디서 팔아요?

请跟我来。
Qǐng gēn wǒ lái.
저 따라오세요.

마트에서 2

阿姨，请问水果在哪儿卖?
Āyí, qǐngwèn shuǐguǒ zài nǎr mài?
아주머니, 실례지만 과일 어디서 팔아요?

在地下二楼。
Zài dìxià èr lóu.
지하 2층에 있어요.

마트에서 3

你好，卫生纸在哪儿卖?
Nǐ hǎo, wèishēngzhǐ zài nǎr mài?
안녕하세요, 휴지 어디서 팔아요?

左边第一排就有卖的。
Zuǒbian dì yī pái jiù yǒu màide.
왼쪽 첫 번째 줄에 있어요.

단어 牙膏 yágāo 치약 水果 shuǐguǒ 과일 地下 dìxià 지하 楼 lóu 층 卫生纸 wèishēngzhǐ 휴지 左边 zuǒbian 왼쪽
第 dì 제 排 pái 열, 줄

알쏭달쏭 궁금증! 중국인이 자주 먹는 간식

중국에서는 양념에 절인 오리 목(鸭脖 yā bó)과 오리 혀(鸭舌 yā shé), 닭발(凤爪 fèngzhuǎ) 등의 간식이 정말 유명한데요. 양념이 짭짤하고 감칠맛도 나기 때문에 매료되기 쉽고, 중국인들은 술안주로 많이 먹는다고 해요.

잘 어울리는지 피팅 해보기

MP3-64

이 ～ 입어봐도 돼요?

这～能试一下吗?

Zhè ～ néng shì yíxià ma?

중국어로는 '입어보다, 신어보다, 착용해보다, 먹어보다' 등등 무언가를 '～ 해 보다, 시도해 보다'라고 말할 때는 동사 '试 shì'를 써서 '能试一下吗? Néng shì yíxià ma?'라고 물어봅니다. 유사 표현으로는 '可以试试吗? Kěyǐ shìshi ma?'가 있으니, 중국 여행 가기 전에 이 표현만은 꼭 익혀 가세요!

이		
	옷 **衣服** yīfu	
这 Zhè	귀걸이 **耳环** ěrhuán	입어봐도 / 착용해봐도 돼요? **能试一下吗?** néng shì yíxià ma?
	바지 **裤子** kùzi	

154 YBM 보이는 중국어 회화

옷 입어봐도 되는지 물을 때

服务员，这衣服能试一下吗?
Fúwùyuán, zhè yīfu néng shì yíxià ma?
여기요, 이 옷 입어봐도 돼요?

可以，没问题。
Kěyǐ, méi wèntí.
네, 입어보세요.

신발 신어봐도 되는지 물을 때

这运动鞋能试一下吗?
Zhè yùndòngxié néng shì yíxià ma?
이 운동화 신어봐도 돼요?

可以，您要多大码的?
Kěyǐ, nín yào duōdà mǎ de?
네, 사이즈가 어떻게 되세요?

치마 입어봐도 되는지 물을 때

这裙子能试一下吗?
Zhè qúnzi néng shì yíxià ma?
이 치마 입어봐도 돼요?

不好意思，我们这里没有试衣间。
Bù hǎoyìsi, wǒmen zhèli méiyǒu shìyījiān.
죄송하지만, 저희는 피팅룸이 없습니다.

단어 试 shì 시도하다 运动鞋 yùndòngxié 운동화 多大 duōdà 어느 정도(의), 얼마의 码 mǎ 사이즈 裙子 qúnzi 치마
试衣间 shìyījiān 피팅룸

알쏭달쏭 궁금증! 중국인에게 절대 선물하지 말아야 하는 것은?

우산(伞 sǎn)은 '헤어지다'의 '散 sǎn' 발음과 같아서 우산을 선물하면 헤어지거나 멀어지게
되는 것을 의미합니다. 또한 신발(鞋 xié)은 '사악하다'의 '邪 xié' 발음과 같아서 선물 금기
품목입니다. 이 밖에도 초록색 모자(绿帽子 lǜ màozi)는 '아내가 바람났다, 불륜을 저질렀
다'라는 의미를 내포하고 있어서 중국인에게 절대 선물하지 않는다고 합니다.

언제 ～ ?

什么时候～?

Shénme shíhou ～ ?

Pattern

04

온라인 쇼핑 중 배송 관련해서 문의할 게 생겼는데, 어떻게 물어야 할지 모른다면 너무나 답답하겠죠? 이때 '언제'라는 의미인 '什么时候 shénme shíhou'를 넣어 질문하면 되는데, '什么时候'는 특정 때 나 시점을 물을 때 사용하는 의문대명사로, 주어 뒤에 부사어로 쓰인 답니다. '什么时候' 뒤에 동사 进货(물품이 들어오다), 出货(출고하 다), 发货(출하하다) 등을 넣어 다양하게 말해보세요!

패턴으로 말트기

<table>
<tr><td rowspan="3">언제

什么时候
Shénme shíhou</td><td>입고되나요?

进货?
jìnhuò?</td></tr>
<tr><td>출고되나요?

出货?
chūhuò?</td></tr>
<tr><td>발송되나요?

发货?
fāhuò?</td></tr>
</table>

언제 주문하는지 궁금할 때

上次说的那件衣服**什么时候**下单啊?
Shàngcì shuō de nà jiàn yīfu shénme shíhou xiàdān a?
지난번에 말한 그 옷 언제 주문해?

我昨天就下单啦。
Wǒ zuótiān jiù xiàdān la.
어제 바로 주문했어.

상품이 언제 재입고 되는지 문의할 때

这个商品**什么时候**再进货呀?
Zhège shāngpǐn shénme shíhou zài jìnhuò ya?
이 상품은 언제 재입고 되나요?

估计下周再进货。
Gūjì xiàzhōu zài jìnhuò.
다음 주에 재입고 될 예정입니다.

언제 배송되는지 게시판에 문의할 때

我买的东西**什么时候**发货呀?
Wǒ mǎi de dōngxi shénme shíhou fāhuò ya?
제가 산 물건은 언제 배송되나요?

这几天放假，下周一就给您安排发货。
zhè jǐtiān fàngjià, xiàzhōu yī jiù gěi nín ānpái fāhuò.
요 며칠 연휴로, 다음 주 월요일에 바로 배송해드리겠습니다.

단어 上次 shàngcì 지난번 下单 xiàdān 주문하다 昨天 zuótiān 어제 商品 shāngpǐn 상품 估计 gūjì 예정하다
东西 dōngxi 물건 放假 fàngjià 휴가로 쉬다 下周 xiàzhōu 다음 주 安排 ānpái 안배하다

알쏭달쏭 궁금증! **한국의 11월 11일과 중국의 11월 11일 차이**

중국에서는 11월 11일을 '1이라는 숫자가 4개나 겹쳐 있는 날'이라고 해서 '双十一(shuāngshíyī)' 또는 '光棍节(guānggùnjié)'라고 부릅니다. 예전에는 이날을 단순히 '솔로 데이'라고 여겼다면, 요즘은 '光棍节'하면 '쇼핑'을 먼저 떠올린답니다! 이 날은 중국 최대 규모의 온라인 쇼핑이 이루어지는 쇼핑 데이, 일명 중국판 블랙 프라이데이가 되었어요.

원하는 신발 고르기

이 신발 ~ 있나요?

这双鞋有~吗?

Zhè shuāng xié yǒu ~ ma?

'双'은 둘씩 쌍을 이룬 것을 세는 단위로 신발의 양사로 쓰였어요. '지시대명사 这 + 양사 双 + 명사 鞋(이 신발)' 대신 다른 양사로도 활용이 가능한데요. 예를 들어 '이 모자'는 '这顶帽子 zhè dǐng màozi', '이 바지/치마'는 '这条裤子/裙子 zhè tiáo kùzi/qúnzi', '이 셔츠'는 '这件衬衫 zhè jiàn chènshān' 등이 있습니다. 모두 '의류'에 대한 표현이지만, 쓰는 양사는 다 다르니 상황에 따라 적절한 양사를 사용하세요.

Pattern
05

패턴으로 말트기

	새 거 **新的** xīn de	
이 신발 **这双鞋有** Zhè shuāng xié yǒu	한 치수 큰 거 **大一号的** dà yī hào de	있나요? **吗?** ma?
	한 치수 작은 거 **小一号的** xiǎo yī hào de	

할인이 되는지 물을 때

这双鞋有折扣吗?
Zhè shuāng xié yǒu zhékòu ma?
이 신발 할인되나요?

是的，我们全场打88折。
Shìde, wǒmen quánchǎng dǎ bābā zhé.
네, 전 품목 12% 세일합니다.

사이즈가 있는지 물을 때

你好，这双鞋有39码的吗?
Nǐ hǎo, zhè shuāng xié yǒu sānshíjiǔ mǎ de ma?
안녕하세요, 이 신발 39호(245사이즈) 있나요?

不好意思，我们只有38码的。
Bù hǎoyìsi, wǒmen zhǐyǒu sānshíbā mǎ de.
죄송하지만 손님, 38호(240사이즈)밖에 없습니다.

다른 색상이 있는지 물을 때

这双鞋有其他颜色(的)吗?
Zhè shuāng xié yǒu qítā yánsè (de) ma?
이 신발 다른 색상 있나요?

还有黑色和红色的。
Háiyǒu hēisè hé hóngsè de.
검은색과 빨간색도 있습니다.

단어 **双** shuāng 쌍, 컬레 **折扣** zhékòu 할인하다 **全场** quánchǎng 전체(매장) **其他** qítā 그 외 **颜色** yánsè 색깔
黑色 hēisè 검은색 **和** hé ~ 와(과) **红色** hóngsè 빨간색

알쏭달쏭 궁금증! **打折와 折扣의 차이**

중국 상점에 붙어 있는 '(打)八折 (dǎ) bāzhé라는 문구를 보고, 설마 80% 세일인가?라는 생각을 하게 될 텐데요. 사실은 80% 세일이 아니라 10분의 8만 받는다, 즉 80%만 받고, 나머지 20%를 할인해 주겠다는 이야기입니다. 반면 '할인하다, 에누리하다'라는 의미인 '折扣 zhékòu'는 단독으로 주로 쓰이며, '折+숫자+扣' 형태로는 쓰이지 않는다는 사실! 그리고 '折扣'가 명사 용법으로 쓰일 경우 '折扣商品(할인 상품)', '折扣产品(할인 제품)' 형태로 쓰입니다.

이것은 ～ 이에요?

这是～吗?

Zhè shì ～ ma?

Pattern

06

'这是~吗? '는 '이것은 ～ 이에요?'라는 의미로 가까이 있는 사물을 가리키며 무엇인지 물을 때 사용하는 표현이에요. 비교적 멀리 있는 사물을 가리키며 무엇인지 물을 때는 '这'를 '那 nà'로 바꿔서 '那是~吗? (저것은 ～ 이에요?)'라고 하면 됩니다. 가리키는 사물의 거리/위치에 따라 这와 那를 적절히 구별하여 사용해 보세요!

패턴으로 말트기

	립스틱	
	口红 kǒuhóng	
이것은	스킨	이에요?
这是 Zhè shì	护肤水 hùfūshuǐ	吗? ma?
	메니큐어	
	指甲油 zhǐjiǎyóu	

화장품 가게에서 1

这是护手霜吗?
Zhè shì hùshǒushuāng ma?
이거 핸드크림이에요?

不是，是润肤乳。
Búshì, shì rùnfūrǔ.
아니요, 로션이에요.

화장품 가게에서 2

请问，这是唇彩吗?
Qǐngwèn, zhè shì chúncǎi ma?
실례지만, 이거 립글로스예요?

是的，您要什么颜色?
Shìde, nín yào shénme yánsè?
네, 어떤 색상을 원하세요?

화장품 가게에서 3

你好，这是腮红吗?
Nǐ hǎo, zhè shì sāihóng ma?
안녕하세요, 이거 볼터치인가요?

是的，但可以当口红。
Shìde, dàn kěyǐ dàng kǒuhóng.
네, 그런데 립스틱으로 사용하셔도 돼요.

단어 护手霜 hùshǒushuāng 핸드크림　润肤乳 rùnfūrǔ 로션　唇彩 chúncǎi 립글로스　腮红 sāihóng 볼터치　但 dàn 그러나
当 dàng ~ 이 되다

알쏭달쏭 궁금증! **자국산 화장품에 눈 뜬 중국!**

중국 내 스킨케어 부문 시장점유율에서 당당히 1위를 차지하고 있는 중국 화장품 브랜드 '百雀羚 Bǎiquèlíng'은 자연 친화적인 식물성 약초를 기반으로 제조한 화장품으로 중국 소비자들을 공략하는데 성공하였고, 색조화장품 부문에서 두드러진 활약을 보이고 있는 '卡姿兰 Kǎzīlán'은 뛰어난 지속력의 에어쿠션과 틴트, 풍성한 속눈썹을 연출할 수 있는 마스카라 제품이 큰 인기를 얻고 있어요.

이 ～ A(인)가요?

这～A不A啊?

Zhè ～ A bù A a?

정반의문문이란 형용사나 동사의 긍정형과 부정형을 함께 사용하여 질문하는 것으로, 'A不A?'의 형태로 쓰입니다. 또한 정반의문문은 그 자체가 의문문 형태이므로 문장 끝에 '吗 ma'를 쓰지 않습니다. '긍정형 + 부정형'의 순서로 나열하며, 중간의 不는 경성으로 발음한 다는 사실 꼭 기억하세요!

패턴으로 말트기

	단 **甜不甜** tián bu tián	
이 귤 **这橘子** Zhè júzi	신 **酸不酸** suān bu suān	가요? **啊?** a?
	비싼 **贵不贵** guì bu guì	

과일가게에서 1

这葡萄酸不酸啊?
Zhè pútao suān bu suān a?
이 포도 셔요?

一点都不酸，很甜。
Yìdiǎn dōu bù suān, hěn tián.
하나도 안 셔요, 아주 달아요.

과일가게에서 2

老板，这草莓甜不甜啊?
Lǎobǎn, zhè cǎoméi tián bu tián a?
사장님, 이 딸기 달아요?

甜! 保证甜!
Tián! Bǎozhèng tián!
달아요! 단 맛은 보증합니다!

과일가게에서 3

这梨贵不贵啊? 听说最近涨价了。
zhè lí guì bu guì a? Tīngshuō zuìjìn zhǎngjià le.
이 배 비싼 가요? 최근 값이 올랐다고 해서요.

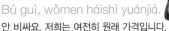
不贵，我们还是原价。
Bú guì, wǒmen háishì yuánjià.
안 비싸요, 저희는 여전히 원래 가격입니다.

단어 橘子 júzi 귤 甜 tián (맛이) 달다 酸 suān (맛이) 시다 贵 guì (값이) 비싸다 葡萄 pútao 포도 草莓 cǎoméi 딸기
保证 bǎozhèng 보증하다 梨 lí 배 涨价 zhǎngjià 값이 오르다 还是 háishi 여전히 原价 yuánjià 원가

알쏭달쏭 궁금증! **어머, '하미과' 이건 꼭 먹어야 해!**

'哈密瓜'는 중국 서부 신장(新疆 Xīnjiāng) 지역 특산물로, 겉은 멜론과 비슷하지만, 속살은 주황색으로 아삭 아삭한 식감이 좋고, 당도도 굉장히 높습니다. 모양은 럭비공처럼 타원형이며, 길거리에서 한 조각씩 잘라서 꼬치에 끼워 판매하기도 하기 때문에, 중국에 갔을 때 한 조각 사서 맛볼 것을 추천합니다!

미용실에서 머리하기

 MP3-69

~ (하고) 싶어요

我想~

Wǒ xiǎng ~

Pattern

08

뭔가 기분 전환을 하고 싶을 때, 우리는 헤어스타일의 변화를 주곤 하는데요. 미용사에게 '머리 자르고 싶어요'라고 말할 때는 '我想剪 头(发)。 Wǒ xiǎng jiǎn tóu(fà).'라고 말하면 돼요. '剪 jiǎn'이 '자르 다'라는 의미이거든요. 한편 '剪' 대신 '烫 tàng'을 넣으면 '파마 하고 싶어요'라는 의미가 되고, '染 rǎn'을 넣으면 '염색하고 싶어요'라는 의미가 된답니다!

패턴으로 말트기

	머리 자르고 **剪头(发)。** jiǎn tóu(fà)
~ (하고) 싶어요 **我想** Wǒ xiǎng	염색하고 **染头(发)。** rǎn tóu(fà)
	앞머리 자르고 **剪刘海。** jiǎn liúhǎi

머리 자르려고 할 때

头发好长啊，我想剪头(发)。
Tóufa hǎo cháng a, wǒ xiǎng jiǎn tóu(fà).
머리가 너무 길어서, 머리 자르고 싶어.

听说公司边上的发廊不错。
Tīngshuō gōngsī biān shàng de fàláng búcuò.
회사 근처에 미용실 괜찮다던데.

염색하려고 할 때

你好，我想染头(发)。
Nǐ hǎo, wǒ xiǎng rǎn tóu(fà).
안녕하세요, 염색하고 싶어요.

好的，您要染哪种颜色呢？
Hǎode, nín yào rǎn nǎ zhǒng yánsè ne?
네, 어떤 색으로 염색해드릴까요?

파마하려고 할 때

我想烫头(发)。
Wǒ xiǎng tàng tóu(fà).
파마하고 싶어.

学校不是不让你们烫头嘛。
Xuéxiào búshì bú ràng nǐmen tàngtóu ma.
학교에서 파마 못하게 하잖아.

단어 刘海 liúhǎi 앞머리 长 cháng 길다 公司 gōngsī 회사 边 biān 주위 发廊 fàláng 미용실 不错 búcuò 괜찮다
种 zhǒng 종류 烫头(发) tàngtóu(fà) 파마하다 学校 xuéxiào 학교 让 ràng ～ 하게 하다

알쏭달쏭 궁금증! 중국어로 '살짝만 다듬어주세요!'를 어떻게?

중국어를 못하면 가장 애먹는 장소가 미용실이죠? 이럴 때 미용사에게 요구 사항을 정확히, 구체적으로 말하는 것이 좋아요. 예를 들어 '살짝 다듬어주세요(稍微剪一下 Shāowēi jiǎn yíxià), 어깨까지 잘라주세요(剪到肩膀 Jiǎndào jiānbǎng), 귀밑까지 잘라주세요(剪到耳朵下面 Jiǎndào ěrduo xiàmiàn)' 등이 있답니다!

~ 되나요?

能不能~?

Néng bu néng ~?

'能 néng'은 '~ 할 수 있다'라는 의미로 가능의 뜻을 나타내는 조동사예요. 같은 맥락으로 '能不能' 대신 '可不可以 kě bu kěyǐ'를 사용해도 돼요. '能不能'을 넣어서 '할인되나요?(能不能打折? Néng bu néng dǎzhé?', '포장되나요?(能不能打包? Néng bu néng dǎbāo?)' 등 다양한 문장을 만들어 활용해보세요!

패턴으로 말트기

되나요? **能不能** Néng bu néng	교환 **换货?** huànhuò
	반품 **退货?** tuìhuò
	좀 싸게 **便宜一点?** piányi yìdiǎn

교환을 요청할 때

上次买的东西能不能换货?
Shàngcì mǎi de dōngxi néng bu néng huànhuò?

지난번에 산 물건 교환되나요?

给我看一下发票确认一下。
Gěi wǒ kàn yíxià fāpiào quèrèn yíxià.

영수증 좀 보여주세요. 확인해 보겠습니다.

환불을 요청할 때

这个能不能退货?
Zhège néng bu néng tuìhuò?

이거 반품되나요?

不好意思，打折商品不能退货。
Bù hǎoyìsi, dǎzhé shāngpǐn bùnéng tuìhuò.

죄송하지만, 세일 상품은 반품이 안 됩니다.

가격을 흥정할 때

能不能便宜点儿?
Néng bu néng piányi diǎnr?

좀 싸게 되나요?

已经是最低价了。
Yǐjing shì zuì dījià le.

이미 최저가입니다.

단어 **发票** fāpiào 영수증 **确认** quèrèn 확인하다 **商品** shāngpǐn 상품 **最底价** zuìdǐjià 최저가

알쏭달쏭 궁금증! 중국 쇼핑 상품의 환불 규정

1 구매자가 제품을 수령한 날로부터 7일내 무조건 환불이 가능합니다.(구매자 단순 변심 포함)
2 구매자가 환불을 요구할 때는 해당 제품과 더불어 구매할 때 받았던 증정품도 함께 반납해야 합니다.(지급받은 포인트, 쿠폰 등도 회수)
3 단, 구매자 주문 제작 상품, 부패될 수 있는 신선도 제품, 개봉한 음반 및 영상물이나 소프트웨어, 잡지나 신문 같은 간행물은 환불이 불가합니다.

1 **多买点，便宜一点吧。**
  Duō mǎi diǎn, piányi yìdiǎn ba.

  많이 살 테니, 좀 싸게 주세요.

2 **算了，不要了。**
  Suànle, búyào le.

  됐어요. 필요 없습니다.

3 **水果在哪里称?**
  Shuǐguǒ zài nǎli chēng?

  과일은 어디서 재나요?

4 **发票帮我扔了吧，谢谢。**
  Fāpiào bāng wǒ rēng le ba, xièxie.

  영수증 버려주세요. 감사합니다.

5 **有没有其他颜色的?**
  Yǒu mei yǒu qítā yánsè de?

  다른 색깔 있나요?

6 **帮我拿一件新的吧。**
  Bāng wǒ ná yí jiàn xīn de ba.

  새 걸로 주세요.

7 **你们周末发货吗?**
  Nǐmen zhōumò fāhuò ma?

  주말에 배송하나요?

8 **现在下单的话，明天能到吗?**
  Xiànzài xiàdān dehuà, míngtiān
  néng dào ma?

  지금 주문하면 내일 도착하나요?

9 **鞋有点紧。**
  Xié yǒudiǎn jǐn.

  신발이 조금 껴요.

10 **鞋太窄了。** 발 볼이 너무 작아요.
Xié tài zhǎi le.

11 **脚背*不舒服。** 발등이 불편해요.
Jiǎobèi bù shūfu.
*脚后跟 jiǎohòugēn 뒤꿈치

12 **我在找～。** ～ 을 찾고 있어요.
Wǒ zài zhǎo ~.

13 **最受欢迎的是哪个啊?** 가장 인기 있는 상품이 뭐예요?
Zuì shòu huānyíng de shì nǎge a?

14 **这个帮我切一下。** 이거 좀 잘라주세요.
Zhège bāng wǒ qiē yíxià.

15 **不要剪太短。** 너무 짧게 자르지 마세요.
Búyào jiǎn tài duǎn.

16 **修一修就行。** 다듬어주시면 돼요.
Xiū yi xiū jiù xíng.

17 **塑料袋要钱吗?** 비닐봉지 돈 내야 하나요?
Sùliàodài yào qián ma?

18 **能帮我包装一下吗?** 포장 좀 해주실 수 있나요?
Néng bāng wǒ bāozhuāng yíxià ma?

우리말에 알맞은 중국어를 말해보고 써보세요.

1 이 치파오 얼마예요?

🎤 _____ ?

2 이 귀걸이 착용해봐도 되나요?

🎤 _____ ?

3 여기요, 이 옷 입어봐도 돼요?

🎤 _____ ?

4 제가 산 물건은 언제 배송하나요?

🎤 _____ ?

5 이 신발 새 거 있나요?

🎤 _____ ?

6 이 신발 다른 색상 있나요?

🎤 _____ ?

7 이거 핸드크림이에요?

🔊 _____ ?

8 사장님, 이 딸기 달아요?

🎤 _____ ?

9 이 배 비싼 가요? 최근 값이 올랐다고 해서요.

🎤 _____ 。

10 머리가 너무 길어서, 머리 자르고 싶어요.

🎤 _____ 。

11 좀 싸게 안 되나요?

🎤 _____ ?

12 이거 반품되나요?

🎤 _____ ?

하마선생 배송 서비스 이용하기

하마선생(盒马鲜生 Hémǎ xiānshēng)이란?

주문하면 고품질의 신선 식품을 안전하고 신속하게 배송해주는 알리바바그룹 산하 대표 O2O(Online to Offline) 유통매장입니다.

브랜드명

하마선생(盒马鲜生)이라는 이름은 동물 '하마(河马 hémǎ)'에서 발음을 따와 '하마선생'이라는 매장명을 듣는 순간, 큼직한 체구와 둥글둥글한 얼굴을 가진 동물 '하마'를 자연스럽게 떠올리게 됩니다. 캐릭터 역시 귀여운 하마의 모습을 형상화했답니다.

여기서 잠깐! '하마선생'의 한자 표기는 하마의 '河'가 아닌 '盒'인데요. '盒'는 중국어로 '한 박스 두 박스' 할 때 사용하는 단어입니다. 또한 '鲜生'은 '신선하다'의 의미를 내포하고 있지만, 발음은 '선생님'의 의미인 '先生'의 발음입니다. 즉, 읽으면 '하마선생(Mr. 하마)'이라고 생각할 수 있지만, 한자 표기를 자세히 들여다보면 '신선한 상품 한 박스'라는 중의적인 의미를 포함한 이름입니다.

★ 주문 방법

① 고객이 온라인이나 앱에서 상품을 주문

② 직원은 주문서대로, 장바구니에 물품을 담아 →
   매장의 천장에 달린 트레일러로 올려 보내고 →
   물류창고까지 신속하게 운반

③ 물류창고로 이동된 상품은 대기하고 있는 오토바이 배달원이
   배송을 진행

④ 빠르고 신선하게 고객에게 배달 완료

⑤ 3km 이내 30분 내로 주문한 제품을 받을 수 있음
   (고객의 주소지에서 가장 가까운 매장에서 배송됨)

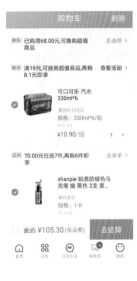

★ 주의할 점:

① 24시간 배달 서비스 + 하루 한 번 무료 배송 서비스 제공!

② 盒马鲜生은 '알리페이(支付宝)'만을 결제 수단으로 허용하
   고 있음 (위챗페이 결제 불가)

③ 채소와 육류는 日日鲜(Daily Fresh, 일일신선)이라고 해서
   당일 판매만 함

④ 회원제로 운영
   (회원비는 따로 없이, 허마선생 앱만 다운 받으면 됨)

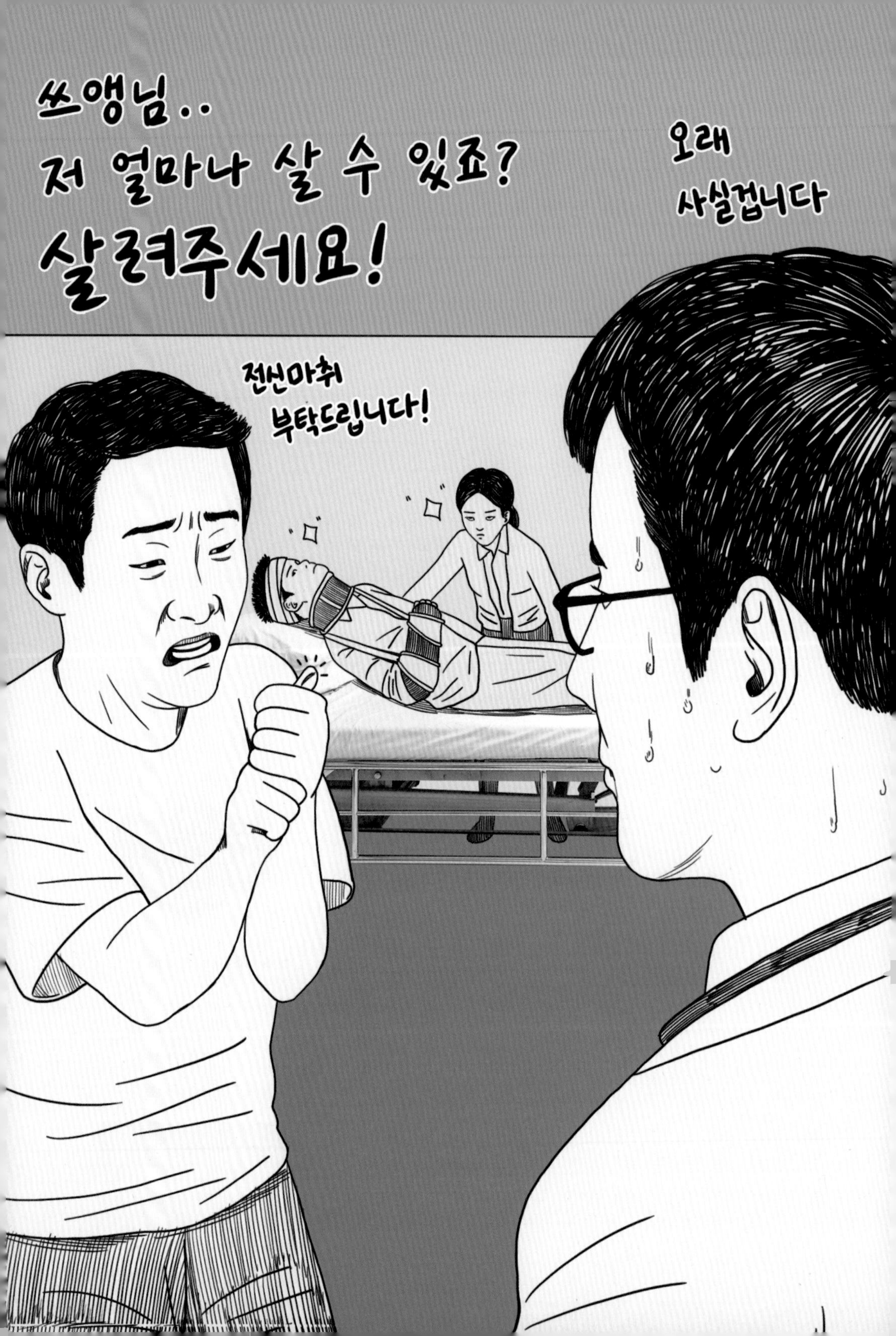
쓰앵님..
저 얼마나 살 수 있죠?
살려주세요!
오래 사실겁니다
전신마취 부탁드립니다!

몸이 아프거나 불편할 때

~ 너무 아파요!

~好痛!

~ hǎo tòng!

'好痛!(Hǎo tòng!)'은 '너무 아파요!'라는 뜻으로 '好'는 '좋다'라는 뜻의 형용사 용법 외에도 정도부사 '很 hěn'의 뜻을 나타낸답니다. 예를 들어 맛있는 음식 앞에서 '냄새 너무 좋다'라고 말할 때는 '味道好香! Wèidao hǎo xiāng!'처럼 쓰일 수 있어요. 중국어 입문 단계에서는 '매우'를 뜻하는 부사로 很만 배웠지만, 이제는 다양한 표현의 '매우'도 사용해 보세요.

Pattern 01

패턴으로 말트기

저		너무 아파요!
	머리가 **头** tóu	
我的 Wǒ de	목(인후)이 **喉咙** hóulóng	**好痛!** hǎo tòng!
	배가 **肚子** dùzi	

위가 아파서 병원 갔을 때

医生，我的胃好痛啊!
Yīshēng, wǒ de wèi hǎo tòng a!
의사 선생님, 위가 너무 아파요!

今天吃什么了?
Jīntiān chī shénme le?
오늘 뭐 드셨나요?

발이 아파서 마사지 받을 때

师傅，我的脚好痛!
Shīfu, wǒ de jiǎo hǎo tòng!
저기요, 발이 너무 아파요!

别紧张，我帮你按摩一下。
Bié jǐnzhāng, wǒ bāng nǐ ànmó yíxià.
긴장하지 마세요, 제가 안마해 드릴게요.

눈이 아파서 걱정할 때

我的眼睛好痛!
Wǒ de yǎnjing hǎo tòng!
눈이 너무 아파!

不要紧吧? 要不要去医院?
Búyàojǐn ba? Yào bu yào qù yīyuàn?
괜찮아? 병원에 가볼래?

단어 痛 tòng 아프다 医生 yīshēng 의사 胃 wèi 위 脚 jiǎo 발 紧张 jǐnzhāng 긴장하다 按摩 ànmó 안마하다 眼睛 yǎnjing 눈
不要紧 búyàojǐn 괜찮다, 문제없다 医院 yīyuàn 병원

알쏭달쏭 궁금증! 痛과 疼의 차이점

한국어처럼 '아프다'라는 뜻이 하나면 좋겠지만, 중국어에는 '痛 tòng'과 '疼 téng' 이렇게 두
가지 표현이 있어요. '痛'은 죽기 일보 직전의 아픔, 즉 심하게 아플 때 사용하는 반면, '疼'은
가벼운 통증 정도에 해당돼요. '头痛'과 '头疼'을 예를 들자면 '头痛'은 머리가 깨지기 일보
직전의 두통, '头疼'은 가벼운 정도의 두통을 의미한답니다.

~ 있나요?

有没有~?

Yǒu mei yǒu ~?

Pattern

02

여행 중에 갑자기 몸이 아프거나 불편해서 병원이나 약국에 갔을 때 쓸 수 있는 표현을 배워 볼게요. '有没有' 뒤에 원하는 약의 종류만 넣어 말하면 되는데요. 예를 들어 감기에 걸렸을 때 '감기약 있나요?(有没有感冒药? Yǒu mei yǒu gǎnmào yào?)'라고 물으면 된답니다.

패턴으로 말트기

~ 있나요? **有没有** ~ Yǒu mei yǒu	두통약 **头痛药** tóutòng yào
	소화제 **消化药** xiāohuà yào
	백화유 **白花油** báihuāyóu

두통약을 살 때

请问，有没有头痛药?
Qǐngwèn, yǒu mei yǒu tóutòng yào?
실례지만, 두통약 있나요?

有的，餐后一片，一日三次。
Yǒude, cān hòu yí piàn, yí rì sān cì.
있습니다. 식후에 한 알씩, 하루에 3번 드세요.

반창고를 살 때

有没有创可贴? 我手划伤了。
Yǒu mei yǒu chuàngkětiē?
Wǒ shǒu huáshāng le.
반창고 있나요? 저 손을 베였어요.

有，还要别的吗?
Yǒu, háiyào biéde ma?
있어요, 다른 것도 필요하신가요?

안약을 살 때

我眼睛很疼，有没有眼药水?
Wǒ yǎnjing hěn téng, yǒu mei yǒu yǎnyàoshuǐ?
눈이 너무 아파서요, 안약 있나요?

有，38块。
Yǒu, sānshí bā kuài.
네. 38위안입니다.

단어 **白花油** báihuāyóu 백화유 (통증을 완화해주는 홍콩의 만병통치약) **餐** cān 식사 **后** hòu 후, 다음 **各** gè 각각
片 piàn 알 (알약을 세는 단위) **日** rì 하루, 날 **创可贴** chuàngkětiē 반창고 **手** shǒu 손 **划伤** huáshāng 베이다, 찰과상을 입다
别的 biéde 다른 것 **疼** téng 아프다 **眼药水** yǎnyàoshuǐ 안약

알쏭달쏭 궁금증! 颗 VS 粒 VS 片의 차이점

'颗 kē, 粒 lì, 片 piàn'은 모두 약을 세는 양사이지만, 약의 모양에 따라 사용되는 양사가 서로 다르답니다. 먼저 '颗'는 둥글고 작은 알맹이 모양의 약을 의미하고, '粒'는 '颗'에 비해서 상대적으로 작은데, 캡슐 모양의 약을 의미합니다. 마지막으로 '片'은 납작하고 편편한 모양의 약을 의미한답니다.

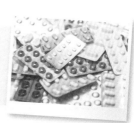

길을 잃어서 어디인지 모를 때

저 ~ 했어요

我~了

Wǒ ~ le

Pattern

03

'여긴 어디, 나는 누구?' 초행길은 누구나 길을 헤매기 마련이죠? 길을 잃었거나 길을 못 찾겠다고 주변에 도와달라고 요청할 때는 '我迷路了，请帮帮我. (Wǒ mílù le, qǐng bāngbang wǒ. 길을 잃었어요, 좀 도와주세요.)'라고 말하면 돼요. 애절한 눈빛으로 도와달라고 신호를 보내는데 그냥 지나칠 사람은 없을 거예요. 길을 잃었을 때는 당황하지 말고 지나가는 사람에게 자신 있게 얘기해 보세요!

패턴으로 말트기

저	길을 잃었 **迷路** mílù	어요
我 Wǒ	못 찾겠 **找不到** zhǎo bu dào	**了。** le
	방향을 잃었 **没方向** méi fāngxiàng	

180 YBM 보이는 중국어 회화

길을 잃었을 때

我好像迷路了。这是什么路啊?
Wǒ hǎoxiàng mílù le. Zhè shì shénme lù a?
제가 길을 잃은 거 같아요. 이 거리 이름이 뭐죠?

别着急,你要去哪儿啊?
Bié zháojí, nǐ yào qù nǎr a?
조급해하지 마세요. 어디로 가세요?

술집을 못 찾았을 때

那家酒吧在哪儿啊?
我找不到了。
Nà jiā jiǔbā zài nǎr a?
Wǒ zhǎo bu dào le.
그 술집 어디에 있는 거야? 못 찾겠어.

这边上有个便利店,
你看到了吗?
Zhè biānshàng yǒu ge biànlìdiàn,
nǐ kàndào le ma?
이쪽 끝에 편의점이 있는데, 보여?

방향을 잃었을 때

糟了,我没方向感了。
Zāo le, wǒ méi fāngxiànggǎn le.
큰일났어, 방향 감각을 잃었어.

快用导航吧。
Kuài yòng dǎoháng ba.
빨리 내비게이션 해 봐.

단어 **着急** zháojí 조급해하다 **酒吧** jiǔbā 술집, 바 **便利店** biànlìdiàn 편의점 **糟了** zāo le 큰일이다, 망했다
方向感 fāngxiànggǎn 방향 감각

알쏭달쏭 궁금증!

길을 잃어버려서 상대방에게 자신 있게 '길을 잃었어요, 길을 못 찾겠어요' 등의 말은 건넸지만, 상대방이 하는 대답을
전혀 알아듣지 못하면 말짱 도루묵이겠죠? 이때 중국인이 하는 말 전체를 듣지는 못하더라도 알짜 단어라도 알고 있으
면 큰 도움이 될 거예요.

马路 mǎlù 대로	对面 duìmiàn 맞은편
红绿灯 hónglǜdēng 신호등	十字路口 shízì lùkǒu 사거리

저 ~ 잃어버렸어요!

我的~丢了!

Wǒ de ~ diū le!

실수로 어딘가에 뭘 놔두고 오거나, 잃어버리거나, 이러한 경험들 누구나 있으시죠? 이번에 배울 중국어 표현은 바로 '잃어버리다'와 관련된 표현이에요. '저 ~ 잃어버렸어요!'는 '我的 + 목적어(잃어버린 물건) + 丢了!'라고 말하면 되는데, 만약 잃어버린 게 아니라 없어졌다고 말하고 싶다면 '丢了' 자리에 '不见了'를 넣어 말해보세요.

패턴으로 말트기

	가방 **包** bāo	
저 **我的** Wǒ de	카드 **卡** kǎ	잃어버렸어요! **丢了!** diū le!
	지갑 **钱包** qiánbāo	

여권을 잃어버렸을 때

完了! 我的护照丢了!
Wán le! Wǒ de hùzhào diū le!
망했어! 나 여권 잃어버렸어!

真的假的? 赶紧联系大使馆吧。
Zhēnde jiǎde? Gǎnjǐn liánxì dàshǐguǎn ba.
진짜야? 얼른 대사관에 연락해.

휴대폰을 잃어버렸을 때

我的手机丢了!
Wǒ de shǒujī diū le!
나 휴대폰 잃어버렸어!

怎么办? 你用我的手机报警吧!
Zěnme bàn? Nǐ yòng wǒ de shǒujī bàojǐng ba!
어떡해? 내 휴대폰으로 경찰에 신고해!

지갑이 없어졌을 때

妈, 我的钱包不见了!
Mā, Wǒ de qiánbāo bújiàn le!
엄마, 저 지갑이 없어졌어요!

你看你, 怎么那么不小心啊!
Nǐ kàn nǐ, zěnme nàme bù xiǎoxīn a!
너도 참, 왜 그렇게 조심성이 없어!

단어 **丢** diū 잃어버리다 **完了** wán le 망했다 **护照** hùzhào 여권 **真的** zhēnde 진짜 **假的** jiǎde 가짜 **赶紧** gǎnjǐn 얼른, 서둘러
联系 liánxì 연락하다 **大使馆** dàshǐguǎn 대사관 **手机** shǒujī 휴대폰 **报警** bàojǐng 경찰에 신고하다
不见了 bújiàn le 없어졌다 **小心** xiǎoxīn 조심하다

알쏭달쏭 궁금증! **完了!**의 유사 표현 **凉了!**(중국 유행 신조어 **凉了**)

'完了 wán le'는 '망했다!'의 의미로 하던 일을 망쳐서 몹시 절망하거나 실망감을 표현할 때 사용해요. 그런데 요즘 중국 젊은이들은 '망했다'를 (음식이) 식었다, 차갑다'라는 의미를 가진 '凉了 liáng le' 또는 '凉凉 liángliáng'이라고 표현합니다. 이 둘의 차이점은 '完了'는 말 그대로 '망했다'라는 의미라면, '凉了'는 졸망, 개망, 폭망(심하게 망했다)'이라는 의미로 다소 센 표현이며, 인터넷 용어로 10~20대가 주로 사용합니다.

배터리, 먹을 것 등이 떨어졌을 때

~ 다 돼 가요!

~快没~了!

~ kuài méi ~ le!

Pattern

05

'快~了 kuài ~ le!'는 '머지않아 ~ 하려고 하다', '곧 ~ 이다'라는 의미로 곧 어떤 상황이 발생할 것임을 나타낼 때 쓰는 표현이에요. 여기에서 '了'는 상황의 변화를 나타내는 어기조사예요. 한편 '快~了'에 부정부사 '没 méi'를 넣어 '快没~了'라고 하면 '~ 없어져 가요', '~ 떨어져 가요'라는 의미가 돼요. 예를 들어 '手机快没电了 Shǒujī kuài méi diàn le.'는 '휴대폰 배터리가 다 돼 가요', 즉 '배터리가 부족하다, 곧 방전된다'는 의미예요.

패턴으로 말트기

휴대폰		배터리가
手机 Shǒujī		**电了!** diàn le
집에	~ 다 돼(떨어져) 가요!	먹을 것이
家里 Jiā li	**快没** kuài méi	**吃的了!** chīde le
표 살		시간이
买票 Mǎi piào		**时间了!** Shíjiān le

바로 써먹는 회화

휴대폰 배터리가 떨어져 갈 때

我手机**快没**电**了**!
Wǒ shǒujī kuài méi diàn le!
내 휴대폰 배터리가 다 돼 가!

你没带充电宝啊?
Nǐ méi dài chōngdiànbǎo a?
너 보조배터리 안 챙겨 왔어?

휴대폰 데이터가 떨어져 갈 때

你快看她新上传的视频。
Nǐ kuài kàn tā xīn shàngchuán de shìpín.
너 빨리 그녀가 새로 업로드한 동영상 봐봐.

回家再看,手机**快没**流量**了**!
Huíjiā zài kàn, shǒujī kuài méi liúliàng le!
집에 가서 볼게, 휴대폰 데이터가 떨어져 가!

시간이 촉박할 때

买票**快没**时间**了**!
Mǎi piào kuài méi shíjiān le!
표 살 시간이 다 돼가!

来得及,不要着急。
Láidejí, búyào zháojí.
안 늦었어, 조급해하지 마.

단어 **带** dài 챙기다 **充电宝** chōngdiànbǎo 보조배터리 **上传** shàngchuán 업로드하다 **视频** shìpín 동영상
回家 huíjiā 집으로 돌아가다 **再** zài ~ 하고 나서 **流量** liúliàng 데이터 **来得及** láidejí 늦지 않다

알쏭달쏭 궁금증! 보조배터리 대여 방법

기종마다 차이는 있을 수 있으나 보조배터리 자판기가 설치된 곳이라면 어디서든 대여와 반납이 가능합니다.
1 QR코드를 스캔한다. (결제창으로 연결됨)
2 '借(대여)' 버튼을 터치한다.
3 보조배터리 하나가 앞으로 혹은 상단으로 살짝 튀어나오면 꺼내서 충전한다.
4 사용 후에는 '还(반납)' 버튼을 누른 후 불빛이 깜빡이는 곳에 꽂는다.

1 **我感冒了。**
Wǒ gǎnmào le.

감기에 걸렸어요.

2 **还有痰。**
Hái yǒu tán.

가래도 있어요.

3 **我好像发烧了。**
Wǒ hǎoxiàng fāshāo le.

열이 나는 것 같아요.

4 **还(流鼻涕 / 咳嗽)。**
Hái (liú bítì / késou).

(콧물 / 기침)도 해요.

5 **嗓子特别疼。**
Sǎngzi tèbié téng.

목이 특히 아파요.

6 **昨晚开始一直拉肚子。**
Zuówǎn kāishǐ yìzhí lā dùzi.

어제저녁부터 계속 설사를 해요.

7 **效果好吗?**
Xiàoguǒ hǎo ma?

효과가 좋은가요?

8 **一天吃几次?**
Yìtiān chī jǐ cì?

하루에 몇 번 먹나요?

9 **一盒有几粒?**
Yì hé yǒu jǐ lì?

한 통에 몇 알이 들어있나요?

10 饭后吃还是饭前吃?

Fàn hòu chī háishi fàn qián chī?

식후에 먹나요 아니면 식전에 먹나요?

11 这里是哪里呀?

Zhèli shì nǎli ya?

여기가 어디에요?

12 我不知道我在哪里。

Wǒ bù zhīdào wǒ zài nǎli.

저는 제가 어디 있는지 모르겠어요.

13 这条路叫什么?

Zhè tiáo lù jiào shénme?

이 길 이름이 뭐예요?

14 我钱包丢了。

Wǒ qiánbāo diū le.

지갑을 잃어버렸어요.

15 我的手机被偷了!

Wǒ de shǒujī bèi tōu le!

휴대폰을 도둑맞았어요!

16 失物招领中心在哪儿?

Shīwù zhāolǐng zhōngxīn zài nǎr?

분실물센터 어디에 있나요?

17 我在这儿丢了个钱包。

Wǒ zài zhèr diū le ge qiánbāo.

제가 여기서 지갑을 잃어버렸어요.

18 这里手机能充电吗?

Zhèli shǒujī néng chōngdiàn ma?

여기서 휴대폰 충전 할 수 있나요?

핵심문장 말하기 연습

우리말에 알맞은 중국어를 말해보고 써보세요.

1   저 배가 너무 아파요.

🎤 _____ 。

2   의사 선생님, 위가 너무 아파요.

🎤 _____ 。

3   소화제 있나요?

🎤 _____ ?

4   실례지만, 두통약 있나요?

🎤 _____ ?

5   반창고 있어요? 저 손을 베였어요.

🎤 _____ 。

6   저 방향감각을 잃었어요.

🎤 _____ 。

7   제가 길을 잃은 거 같아요. 이 거리 이름이 뭐죠?

🔊 _____ ?

8 그 술집 어디에 있는 거야? 못 찾겠어.

🎙 _____ 。

9 엄마 저 지갑이 없어졌어요.

🎙 _____ 。

10 나 휴대폰 잃어버렸어.

🎙 _____ 。

11 내 휴대폰 배터리가 다 돼 가.

🎙 _____ 。

12 안 늦었어, 조급해하지마.

🎙 _____ 。

Answer			
1	我的肚子好痛。	7	我好像迷路了。这是什么路啊?
2	医生，我的胃好痛啊。	8	那家酒吧在哪儿啊? 我找不到了。
3	有没有消化药?	9	妈，我的钱包不见了。
4	请问，有没有头痛药?	10	我的手机丢了。
5	有创可贴吗? 我手划伤了。	11	我手机快没电了。
6	我没方向感了。	12	来得及，不要着急。

중국 여행의 필수 코스 마사지!

마사지

피곤한 여행 일정에 황금 같은 휴식 시간, 바로 마사지 타임! 중국을 방문하는 여행객들은 전신 또는 발 마시지를 꼭 받고 올만큼 마사지는 하나의 여행 문화로 자리 잡혔는데요.

마사지를 받으러 가면 제일 먼저 직원분께서 '어떤 안마 받기를 원하세요? 你想做什么按摩?'라고 물어보겠죠? 그 동안은 바디랭귀지로 소통을 했다면, 이제는 '좀 있어 보이게' 안마 받을 때 필요한 마사지 관련 용어를 간단하게 익혀보아요.

직원이 어떤 안마를 받을 건지 물어보면, 우리가 원하는 종류의 마사지를 말하면 돼요.

★ 전신 마사지를 원해요.

我想做全身按摩。 Wǒ xiǎng zuò quánshēn ànmó.

★ 발 마사지를 원해요.

我想做足底按摩。 Wǒ xiǎng zuò zúdǐ ànmó.
我想做足部按摩。 Wǒ xiǎng zuò zúbù ànmó.

그리고 요즘은 일반 마사지를 받을 건지, 아로마 마사지를 받을 건지도 물어보죠?
그럴 땐 이렇게 대답하면 돼요.

★ 아로마 마사지요.
　精油按摩。Jīngyóu ànmó.

★ 일반 마사지요.
　普通按摩。Pǔtōng ànmó.

마지막으로 안마 세기를 말할 때 사용하는 표
현을 알아볼까요?

★ 조금만 약하게 / 살살 해주세요.
　稍微轻一点。Shāowēi qīng yìdiǎn.

★ 조금만 세게 해주세요.
　稍微重一点。Shāowēi zhòng yìdiǎn.

★ 너무 간지러워요.
　好痒。Hǎo yǎng.

★ 좀 아파요.
　有点儿疼。Yǒudiǎnr téng.

보통 마사지를 받고 나면 팁을 줘야 한다고 생각하지만 중국에는 팁 문화가 활성화된 편
이 아니라서, 꼭 팁을 줘야 할 필요는 없답니다!

초스피드
중국어 사전

Chinese Dictionary →

기쁘다	高兴	gāoxìng	39
긴장하다	紧张	jǐnzhāng	177
길다	长	cháng	165
길목	路口	lùkǒu	141
꺾어 돌다	拐	guǎi	141
꾸공, 고궁 (자금성)	故宫	Gùgōng	135

ㄴ			
나가다	出去	chūqù	141
나중에	回头	huítóu	41
난징똥루, 남경동로 (상하이 유명 쇼핑거리)	南京东路	Nánjīng dōnglù	141
내비게이션	导航	dǎoháng	135
내일	明天	míngtiān	41
너무	太	tài	51
(운수 기관 따위의) 노선	路	lù	131
녹차	绿茶	lǜchá	111
놀다	玩	wán	39
놓다, 두다	放	fàng	89
눈	眼睛	yǎnjing	177
느끼다	感觉	gǎnjué	43
느리다	慢	màn	51
늦지 않다	来得及	láidejí	185

ㄷ			
다 먹지 못하다	吃不完	chī bu wán	87
(직장, 학교에) 다니다	上	shàng	65
다른 것	别的	biéde	179
다만[오로지] ~ 만이 남다	只剩	zhǐshèng	137
다시	再	zài	51
다음 번	下次	xiàcì	41
다음 주	下周	xiàzhōu	41, 157

다음 주	下星期	xià xīngqī	93
다이어트하다	减肥	jiǎnféi	107
(천이나 수건 따위로) 닦다	擦	cā	105
(맛이) 달다	甜	tián	163
닭 날개 (치킨)	炸鸡翅	zhá jīchì	107
닭고기	鸡肉	jīròu	85
(물에) 담그다	泡	pào	91
대략	大概	dàgài	89
대리	代理	dàilǐ	67
대사관	大使馆	dàshǐguǎn	183
대표	总经理	zǒngjīnglǐ	67
대학원생	研究生	yánjiūshēng	63
더	再	zài	119
데우다	加热	jiārè	91
데이터	流量	liúliàng	185
~ 도	也	yě	41
도중	路上	lùshang	41
도착하다	到	dào	41
돕다	帮	bāng	51
동사 뒤에 쓰여서 높은 곳에서 낮은 곳으로 향함을 나타냄	下来	xiàlai	81
동영상	视频	shìpín	61, 185
드디어	终于	zhōngyú	39
드라마	电视剧	diànshìjù	61
듣자 하니	听说	tīngshuō	67
따라가다	跟	gēn	103
따라가다	跟着	gēnzhe	135
딸기	草莓	cǎoméi	163
똑바로, 곧바로	一直	yìzhí	133

ㄹ, ㅁ

~ 로	到	dào	83
로션	润肤乳	rùnfūrǔ	161
루자쭈이짠 (상하이에 있는 역 이름)	陆家嘴站	Lùjiāzuǐzhàn	141
립글로스	唇彩	chúncǎi	161
마라탕	麻辣烫	málàtàng	115
마시다	喝	hē	109
마윈 (알리바바 그룹 회장)	马云	Mǎ Yún	39
마치 ~ 과(와) 같다	好像	hǎoxiàng	87
마침	正好	zhènghǎo	107, 151
만기가 되다	到期	dàoqī	93
말하다	说话	shuōhuà	51
맛	味道	wèidao	111
맛보다	尝	cháng	111
망했다	完了	wán le	183
매번	每次	měicì	87
매진되다	卖完	màiwán	115
맵다	辣	là	117
먼저	先	xiān	49, 103
멀다	远	yuǎn	141
메뉴(판)	菜单	càidān	119
면허, 운전 면허증	驾(驶执)照	jià(shǐ zhí)zhào	93
모두	都	dōu	87
몸, 건강	身体	shēntǐ	43
무료 인터넷	免费网络	miǎnfèi wǎngluò	129
무엇	什么	shénme	45
무역	贸易	màoyì	67
문제	问题	wèntí	83
물건	东西	dōngxi	157
미용실	发廊	fàláng	165

바꾸다	换	huàn	79, 139
바로, 곧	马上	mǎshàng	119
반응	反应	fǎnyìng	51
반창고	创可贴	chuàngkětiē	179
받다	收	shōu	49
받다	拿	ná	103
발	脚	jiǎo	177
밟다	踩	cǎi	49
방향 감각	方向感	fāngxiànggǎn	181
배 (복부)	肚子	dùzi	107
배	梨	lí	163
배고프다	饿	è	107
배웅하다	送	sòng	45
백수	无业游民	wúyè yóumín	63
백화유 (통증을 완화해주는 홍콩의 만병통치약)	白花油	báihuāyóu	179
백화점	百货商店	bǎihuò shāngdiàn	129
버스	公交车	gōngjiāochē	47, 131
번	号	hào	83, 103
번, 회	遍	biàn	51
번거롭게 하다	麻烦	máfan	91
번역하다	翻译	fānyì	51
베이다, 찰과상을 입다	划伤	huáshāng	179
베이징 (북경)	北京	Běijīng	137
베이징따쉐 (베이징대학교)	北京大学	Běijīng dàxué	141
병	瓶	píng	113
병원	医院	yīyuàn	177
보관시키다	寄存	jìcún	129
보다	见	jiàn	39
보조배터리	充电宝	chōngdiànbǎo	185
보증하다	保证	bǎozhèng	163

보통이다	一般	yìbān	111
볼터치	腮红	sāihóng	161
부르다, 호칭	称呼	chēnghu	67
부서	部	bù	69
부서, 팀	部门	bùmén	69
부치다	寄	jì	89
분 (양사), 접시	份	fèn	115
분, 명	位	wèi	47, 103
분명하다	清楚	qīngchu	129
(값이) 비싸다	贵	guì	163
비즈니스석	商务座	shāngwù zuò	137
비즈니스석	商务舱	shāngwùcāng	139
빠르다	快	kuài	51
빨간색	红色	hóngsè	159

ㅅ			
사모님, 주인 아줌마	老板娘	lǎobǎnniáng	115
사양하다	客气	kèqi	45
사용하다	用	yòng	49, 105
사이즈	码	mǎ	155
사장	老板	lǎobǎn	119
상온	常温	chángwēn	109
상품	商品	shāngpǐn	157, 167
색깔	颜色	yánsè	159
생일	生日	shēngrì	43
샤오롱샤 (가재)	小龙虾	xiǎolóngxiā	115
선물	礼物	lǐwù	43
~ 성(씨)	姓	xìng	103
셰프	厨师	chúshī	117
소고기	牛肉	niúròu	85
손	手	shǒu	179
송금하다	汇钱	huìqián	83

수리점	维修店	wéixiūdiàn	129
수리하다	修	xiū	129
수영하다	游泳	yóuyǒng	61
수입하다	进口	jìnkǒu	85
술집, 바	酒吧	jiǔbā	181
쉬다	休息	xiūxi	45
스타벅스	星巴克	Xīngbākè	47
스프라이트, 사이다	雪碧	xuěbì	109
(맛이) 시다	酸	suān	163
시도하다	试	shì	155
시작하다	开始	kāishǐ	93
시험(보다)	考	kǎo	93
시후, 서후 (저장성 항저우에 있는 유명한 호수)	西湖	Xīhú	135
식사	餐	cān	179
신용카드	信用卡	xìnyòngkǎ	49
신톈디, 신천지 (상하이 관광지)	新天地	Xīntiāndì	131
신형 모델	新款	xīnkuǎn	79
싸다	便宜	piányi	85
쌍, 켤레	双	shuāng	159
쑤저우(지명)	苏州	Sūzhōu	131

○			
아가씨	小姐	xiǎojiě	79
아니면	还是	háishi	81
아니면, 그렇지 않으면	要不	yàobù	111
아이스크림	冰激凌	bīngjīlíng	87
아직도	还是	háishi	51
아직도	还	hái	63
아프다	痛	tòng	49, 177
아프다	疼	téng	179

안, 내부	里	lǐ	87
안내소	咨询处	zīxúnchù	129
안마하다	按摩	ànmó	177
안배하다	安排	ānpái	157
안약	眼药水	yǎnyàoshuǐ	179
앉다	坐	zuò	47
알 (알약을 세는 단위)	片	piàn	179
알다	知道	zhīdao	79, 111
알리다, 말하다	告诉	gàosu	41
알리페이 (결재 앱)	支付宝	Zhīfùbǎo	105
앞	前	qián	45
앞머리	刘海	liúhǎi	165
액정	屏幕	píngmù	129
어느 정도(의), 얼마의	多大	duōdà	155
어떠하다	怎么样	zěnmeyàng	43
어떻게	怎么	zěnme	79
어린이	小孩	xiǎohái	117
어제	昨天	zuótiān	157
어쩐지	怪不得	guàibude	51
언제	什么时候	shénme shíhou	47
얼른, 서둘러	赶紧	gǎnjǐn	183
얼음	冰块(儿)	bīngkuài(r)	113
엄청, 아주	好	hǎo	107
업로드하다	上传	shàngchuán	185
없어졌다	不见了	bújiàn le	183
여권	护照	hùzhào	79, 183
여기, 이곳	这儿	zhèr	89
여전히	还是	háishi	163
여행하다	旅游	lǚyóu	61
연극영화과	电影系	diànyǐngxì	65
연락하다	联系	liánxì	41, 183
연어	三文鱼	sānwényú	85
열, 줄	排	pái	153

응	嗯	èng	41
의사	医生	yīshēng	177
~ 이 되다	当	dàng	161
~ 이면	的话	dehuà	105, 141
이등석	二等座	èrděngzuò	137
이미	已经	yǐjing	67
이미, 진작	早就	zǎojiù	87
이야기하다	讲	jiǎng	51
인스턴트 라면	泡面	pàomiàn	91
인턴	实习生	shíxíshēng	67
일	事	shì	49
일등석	一等座	yīděngzuò	137
일찍이	早	zǎo	45
일하다	工作	gōngzuò	69
잃어버리다	丢	diū	183
(집, 주택 등을) 임대하다	租房	zūfáng	81
임시정부	临时政府	línshí zhèngfǔ	141
입석표	站票	zhànpiào	137

ㅈ			
자리, 좌석	位子	wèizi	103, 139
자리, 좌석	座位	zuòwei	139
작은 일	小事	xiǎoshì	45
잔	杯	bēi	109
잠시	稍	shāo	81
(행동이나 일을) 재촉하다	催	cuī	105
재무팀	财务部	cáiwù bù	69
전공	专业	zhuānyè	65
전체(매장)	全场	quánchǎng	159
전혀	完全	wánquán	51
제	第	dì	153
제안하다	建议	jiànyì	141

조(성씨)	赵	Zhào	103
조금, 약간	点	diǎn	45
조급해하다	着急	zháojí	181
조심하다	小心	xiǎoxīn	41, 183
좀	一点	yìdiǎn	51
좀 ~ 하다	一下	yíxià	49
종류	种	zhǒng	165
(서비스업의) 종업원	服务员	fúwùyuán	113
종점	终点站	zhōngdiǎnzhàn	131
좋아하다	喜欢	xǐhuan	61
죄송합니다	抱歉	bàoqiàn	115
주	星期	xīngqī	89
주말	周末	zhōumò	61
주문하다	点	diǎn	109
주문하다	下单	xiàdān	157
~ 주세요	来	lái	109
주위	边	biān	165
주택 단지	小区	xiǎoqū	81
즐겁다	快乐	kuàilè	43
지금	现在	xiànzài	135
지나갈게요	借过	jièguò	49
지난번	上次	shàngcì	111, 157
지하	地下	dìxià	153
진주 목걸이	珍珠项链	zhēnzhū xiàngliàn	151
진짜	真的	zhēnde	183
(여행) 짐	行李	xíngli	129
집으로 돌아가다	回家	huíjiā	185
(맛이) 짜다	咸	xián	117
짬, 겨를	空	kòng	39
~ 쪽 가까이	靠	kào	139
~ 쪽으로	往	wǎng	45, 133
쭝산궁위안, 중산공원 (베이징 관광지)	中山公园	Zhōngshān gōngyuán	131

ㅊ

차가 막히다	堵车	dǔchē	135
차오미엔 (볶음면)	炒面	chǎomiàn	115
창구	窗口	chuāngkǒu	83
창문	窗	chuāng	139
찾다	找	zhǎo	91
챙기다	带	dài	185
처리하다, 해결하다	办理	bànlǐ	83
체크하다	借记卡	jièjìkǎ	83
총, 모두	一共	yígòng	105
촬영하다	拍摄	pāishè	61
촬영하다, (사진을) 찍다	拍	pāi	61
최저가	最底价	zuìdǐjià	167
추가하다	加	jiā	115
충전하다	充值	chōngzhí	79
취미	爱好	àihào	61
층	楼	lóu	153
치마	裙子	qúnzi	155
치약	牙膏	yágāo	153
치파오 (중국 전통의상)	旗袍(儿)	qípáo(r)	151
친구	朋友	péngyou	39
칭화따쉐 (청화대학교)	清华大学	Qīnghuá dàxué	135

ㅋ, ㅌ, ㅍ

카드로 결제하다	刷卡	shuākǎ	105
커피숍	咖啡厅	kāfēitīng	47
큰 길	马路	mǎlù	47
큰일이다, 망했다	糟了	zāo le	181
택시를 타다	打的	dǎdī	141
테이블	桌子	zhuōzi	105
톈안먼, 천안문	天安门	Tiān'ānmén	135

통로, 복도	过道	guòdào	139
틀리다	错	cuò	49
파마하다	烫头(发)	tàngtóu(fà)	165
팔다	卖	mài	87
편의점	便利店	biànlìdiàn	47, 181
평소	平时	píngshí	61
폐를 끼치다	打扰	dǎrǎo	49
폐를 끼치다, 귀찮게 하다	麻烦	máfan	43
포도	葡萄	pútao	163
표지판	指示牌	zhǐshìpái	133
품절되다	断货	duànhuò	151
피팅룸	试衣间	shìyījiān	155
필요로 하다	需要	xūyào	109

ㅎ

~ 하게 하다	让	ràng	165
~ 하고 나서	再	zài	185
(일을) 하다	干	gàn	61
(어떤 동작 · 행동을) 하다	来	lái	43
~ 하다	弄	nòng	79
~ 하다	做	zuò	45
하루, 날	日	rì	179
학교	学校	xuéxiào	165
학교에 가다	上学	shàngxué	63
한국 화폐	韩币	Hánbì	83
한턱 내다	请	qǐng	43
~ 할 수 있다	可以	kěyǐ	83
할인 쿠폰	优惠券	yōuhuìquàn	107
할인하다	打折	dǎzhé	151
할인하다	折扣	zhékòu	159
~ 해 주세요	请	qǐng	51
~ 해야 한다	得	děi	103

~ 해야 한다	该	gāi	67
~ 해야 한다	应该	yīnggāi	45
핸드크림	护手霜	hùshǒushuāng	161
헬스하다	健身	jiànshēn	61
현금	现金	xiànjīn	49
현금과 바꾸다	兑换	duìhuàn	129
ATM, 현금자동인출기	自动取款机	zìdòng qǔkuǎnjī	129
호주	澳洲	Àozhōu	85
홍보팀	宣传部	xuānchuán bù	69
홍차	红茶	hóngchá	111
화장실	洗手间	xǐshǒujiān	47
확인하다	确认	quèrèn	81, 167
환승하다	换乘	huànchéng	133
회사	公司	gōngsī	67, 165
회화과	美术系	měishùxì	65
후, 다음	后	hòu	179
휴가로 쉬다	放假	fàngjià	157
휴대폰	手机	shǒujī	183
휴대폰 번호	手机号	shǒujī hào	79
휴지	卫生纸	wèishēngzhǐ	153